# Der große Ratgeber für Maine-Coon-Katzen

## Jordan Honeycutt

Veröffentlichungsdaten

Jordan Honeycutt

Der große Ratgeber für Maine-Coon-Katzen – Erste Auflage.

Zusammenfassung: „Eine Maine Coon Katze erfolgreich vom Kätzchen bis ins hohe Alter aufziehen"– Vom Verlag bereitgestellt.

ISBN: 978-1-961846-39-5

[1. Main Coons – Sachbuch] I. Titel.

Entworfen von Sorin Rădulescu

Erste deutsche Ausgabe, 2025

# Inhaltsverzeichnis

# KAPITEL 1
# Was ist eine Maine Coon?

## Körperliche Merkmale

Die Maine Coon zählt zu den größten der domestizierten Katzenrassen und beeindruckt durch ihren riesigen Körper und das volle Fell. Sie kann tatsächlich so groß werden, dass sie häufig mit ähnlich stattlichen Wildkatzen wie dem Luchs oder Rotluchs verwechselt wird! Die Maine Coon kann eine beachtliche Länge von bis zu 100 cm erreichen, steht etwa 25–40 cm hoch und wiegt typischerweise zwischen 4 und 8 kg.

Die Maine Coon hat ein langes oder mittellanges Fell, das an den Flanken und am Bauch länger und an den Schultern kürzer ist. Das Fell ist dicht, fällt glatt und sollte eine seidige und weiche Textur haben. Laut der Fédération

Foto: Mit Erlaubnis von
Douglas Grenville

Internationale Féline (FIFe) sollten die Ohren mit Haarbüscheln versehen sein. Die Ohren sind an der Basis breit und laufen dann zur Spitze zu. Der Kopf sollte quadratisch und etwas länger als breit sein.

Die Augen sind oval geformt, weit auseinander gesetzt und ausdrucksstark. Der Schwanz sollte an der Basis breiter sein und zur Spitze hin schmaler werden, mit einem langen, fließenden Fell. Der Körper der Katze sollte muskulös und breit sein, wobei die Proportionen zum Rest des Körpers passen, sodass nichts übertrieben wirkt.

## Maine Coon Farben

Die Maine Coon kommt in einer Vielzahl anerkannter Farben vor. Diese sind wie folgt:

**Einfarbig Weiß** – Das Fell ist einfarbig und reinweiß, Nase und Pfotenballen sind rosa. Bei weißem Fell können die Augen blau sein.

**Einfarbig Schwarz** – Das Fell ist einfarbig schwarz ohne Rot oder Silber. Die Pfotenballen sollten schwarz oder braun sein. Die Nase sollte schwarz sein.

**Einfarbig Creme** – Das Fell präsentiert sich als reine Cremefarbe ohne Farbvariationen. Die Pfotenballen und Nase sollten bei cremefarbenem Fell rosa sein.

**Einfarbig Rot** – Das Fell hat eine tiefe rote Farbe ohne Variationen, Markierungen oder Ticking. Lippen, Nase und Pfotenballen sollten ebenfalls rot sein.

**Einfarbig Blau** – Das Fell hat einen durchgängigen blaugrauen Ton. Die Pfotenballen sind ebenfalls blaugrau.

**Zweifarbige Optionen** – Zweifarbige Felle gibt es in den Optionen Blau-Weiß, Schwarz-Weiß, Rot-Weiß und Creme-Weiß. Idealerweise sollten dies Farben mit Weiß an Latze, Bauch und Pfoten auftreten.

## Mehrfarbige und weiße Felle:

**Schildpatt** – Das Fell ist überwiegend schwarz und mit einem oder mehreren Rottönen durchzogen.

**Blau-Creme** – Das Fell ist blau mit durchgehenden verteilter Cremefarbe.

**Calico und verdünnte Variante** – Das Fell ist überwiegend weiß mit schwarzen und roten Flecken oder weiß mit cremefarbenen und blauen Flecken.

Dies sind nur einige der akzeptierten Fellfarben und -zeichnungen. Laut der FIFe sind „alle Farbvarietäten erlaubt, [...]; mit Außnahme von Abzeichen (Pointed), der Farben chocolate und lila, cinnamon und fawn."

## Temperament und Verhalten

Die Maine Coon ist eine geschätzte Hauskatze, die von Familien in ganz Europa geliebt wird. Als „sanfte Riesen" bekannt, hat diese Rasse seit Jahrzehnten die Herzen der Menschen erobert. Die Maine Coon ist eine hochintelligente Katze, die ihrer Familie gegenüber loyal und liebevoll ist, Fremden gegenüber jedoch vorsichtig und zurückhaltend sein kann. Obwohl sie ein freundliches Wesen besitzt, ist sie normalerweise nicht anhänglich und schätzt ihre Unabhängigkeit.

Männliche Maine Coon gelten als die verspielteren der beiden Geschlechter, während die Weibchen eine würdevollere Präsenz zeigen; beide Geschlechter sind jedoch gleichermaßen sanft und liebevoll. Diese großen Katzen sind in der Regel selbstbewusst und fühlen sich in der Nähe anderer Tiere wie Hunde und auch Kinder wohl.

Die Maine Coon ist auch für ihre Vorliebe zur Lautäußerung bekannt. Diese Katzen kann man oft heulen, zwitschern, trillern und andere Laute von sich geben hören, die so klingen, als würden sie ein Gespräch führen. Während du vielleicht denkst, dass das Miauen einer Katze ziemlich leise ist, können diese Katzen tatsächlich recht laut sein.

Maine Coons werden liebevoll als die Hunde der Katzenwelt bezeichnet. Tatsächlich kann man Maine Coons oft in den Armen von Kindern sehen, wie sie ohne jegliche Beschwerden durch das Haus getragen werden. Die Maine Coon gewinnt definitiv den Preis für die geduldigste Katze!

*Maine Coons werden nicht umsonst als die „Hunde der Katzenwelt"
und „sanfte Riesen" bezeichnet. Sie sind verspielte, intelligente und
gesellige Katzen. Das macht sie zu idealen Begleitern für Menschen,
die gerne mit ihren Haustieren interagieren, und für Familien mit
Kindern. Maine Coons sind oft sehr an ihre Besitzer gebunden und
folgen ihnen aufgrund ihrer loyalen und neugierigen Natur von
Raum zu Raum. Die meisten Maine Coons bleiben auch im Alter
verspielt und brauchen Zeit und Aufmerksamkeit. Sie sind außerdem sehr flexibel und trainierbar und gehen bekanntermaßen
gerne an der Leine spazieren. Diese Rasse eignet sich am besten
für Menschen, die gerne Qualitätszeit mit ihren Katzen verbringen.*

JASMINA WALTZ
*Prominente Maine Coons*

## Das Erwachsenwerden

*Die Maine-Coon-Rasse ist von Natur aus gutmütig; wenn Maine Coons von einem erfahrenen Züchter richtig sozialisiert werden, können sie sich an fast jede Art von Wohnumgebung und Lebensstil anpassen, den eine typische Familie erlebt, von Lkw-Fahrern, die ihre Maine Coons mit auf die Straße nehmen (davon haben wir einige), über Vollzeit-Wohnmobilfahrer bis hin zu typischen Familien mit Kindern und Haustieren.*

STEVE LANE
*Florida Maine Coons, LLC*

Maine Coons werden langsamer erwachsen als durchschnittliche Katzenrassen. Sie erreichen die Pubertät erst im Alter von einem Jahr und wachsen dann weiter bis zur Reife. Die meisten Maine Coons sind mit achtzehn Monaten größtenteils ausgewachsen. Sie hören jedoch erst im Alter zwischen drei und fünf Jahren vollständig auf zu wachsen. Diese Katzen behalten ihre verspielte, katzenartige Natur für mehrere Jahre bei.

Während einige Maine Coons die Erwartungen übertreffen und extrem groß werden, solltest du dich nicht von Züchtern und Maine-Coon-Fans täuschen lassen. Viele sind nur geringfügig größer als ihre kleineren Wildkatzenverwandten.

## Vor- und Nachteile der Maine Coon

*Der bedeutendste Unterschied zwischen der Maine-Coon-Rasse und anderen ist ihre menschenähnliche, seelenvolle Natur. Das beste Zuhause bietet eine fürsorgliche, liebevolle Umgebung mit einem echten menschlichen Faktor. Denk an die Maine Coon einfach als deinen besten Freund mit einer Seele.*

GALINA DONOVAN
*Bellatrix MCO*

Foto: Mit Erlaubnis von Victoria Wassell

Maine Coons sind entzückende Katzenbegleiter. Sie lieben es, berührt und gehalten zu werden, und sie werden dich nicht verlassen, selbst im Badezimmer nicht.

Obwohl wir nicht glauben, dass es echte „Nachteile" gibt, eine Maine Coon zu besitzen, gibt es einige Aspekte der Haltung, die hinderlich sein könnten. Zum einen ist die Maine Coon eine äußerst gesprächige Katze, wie oben bereits erwähnt, und kann zu den unpassendsten Zeiten Gespräche führen. Dies kann mitten in der Nacht oder während eines wichtigen Arbeitsanrufs sein.

Eine Maine Coon haart auch wie jede andere Hauskatze. Das längere, flauschige Fell kann ganzjährig oder saisonal haaren, abhängig von Klima und individueller Genetik. Die Maine Coon hat auch eine katzenuntypische Liebe zum Wasser und kann oft dabei beobachtet werden, wie sie in ihrem

6

Wassernapf gräbt und ihn infolgedessen umkippt. Viele Besitzer stellen den Wassernapf in eine Badewanne, damit sie nicht jedes Mal Pfützen aufwischen müssen, wenn ihre Katzen Lust haben, Unordnung zu kreieren.

Ein letzter Nachteil der Maine Coon sind die Kosten für die Anschaffung. Während du jede Hauskatze in einem lokalen Tierheim für einen kleinen Betrag bekommen kannst, kostet dich eine reinrassige Maine Coon zwischen 2.500 und 6.000 Euro.

Bedenke, dass der anfängliche Kaufpreis zwar eine einmalige Ausgabe sein mag, die Pflege jedes Haustiers, auch einer Maine Coon, aber jedes Jahr Geld kosten wird. Von der Kastration und Sterilisation über jährliche Untersuchungen, Medikamente und tägliche Pflege bis hin zu Futter und Kratzbäumen können die Kosten erheblich sein. Stelle sicher, dass du in der Lage bist, deine Maine Coon richtig zu versorgen, bevor du dich dazu entscheidest, eine zu kaufen.

## Die Geschichte der Maine Coon

Die Ursprünge der Maine Coon sind unklar. Es wird angenommen, dass die Rasse in Amerika entstanden ist, da es keine Aufzeichnungen über sie anderswo auf der Welt gibt; es ist jedoch unbekannt, wie die Rasse begann.

## Maine-Coon-Folklore

Während ihre Geschichte ein Rätsel bleibt, gibt es viele Mythen, die im Laufe der Jahre kursierten und versuchten, die Rasse zu erklären, einschließlich der mysteriösen Natur und Größe dieser wunderschönen Geschöpfe. Der erste Mythos ist, dass sie irgendwie mit Waschbären verwandt sind. Obwohl dies inzwischen als wissenschaftlich unmöglich gilt, glaubten viele Menschen früher, dass die großen, buschigen Schwänze der Maine Coons und manchmal waschbärenähnlichen Markierungen ein direktes Ergebnis der Kreuzung zwischen verschiedenen Arten waren.

Ein weiterer Mythos, der bei Katzenfans beliebt ist, ist der potenzielle königliche Ursprung der Katzen. Es wird gemunkelt, dass Marie Antoinette plante, aus Frankreich zu fliehen, und sechs langhaarige Angora-Katzen auf ein Schiff gesetzt hatte, damit diese die Reise nach Amerika vor ihr antreten. Obwohl Marie Antoinette es nicht schaffte, taten es ihre geliebten Katzen und begannen bald, sich mit den einheimischen kurzhaarigen Katzen in Maine zu paaren.

Die wahrscheinlichste Theorie ist, dass die Schiffe, die nach Amerika

Foto: Mit Erlaubnis von
 Ahli Stevens

fuhren, mehrere langhaarige Angora-Katzen mitnahmen, um die Schädlingspopulation auf den Schiffen zu kontrollieren. Diese Katzen begannen wahrscheinlich, sich mit den einheimischen kurzhaarigen Katzen zu paaren, was zu der Rasse führte, die wir heute als Maine Coon kennen.

## Schwierige Vergangenheit

Unabhängig davon, wie die Rasse begann, wurde ihr Schicksal bald problematisch. Als 1895 die erste nordamerikanische Katzenausstellung im Madison Square Garden stattfand, wurde eine weibliche, braune Tabby Maine Coon, Cosey, zur Besten der Ausstellung gekürt. Nach diesem Moment des Ruhms erlebte die Rasse jedoch einen starken Rückgang in der Popularität. Tatsächlich wurde die Maine Coon in den 1950er Jahren von einigen sogar für ausgestorben erklärt. Dies lag teilweise an einem Zustrom anderer langhaariger Katzenrassen nach Amerika, darunter Perserkatzen.

Erst in den 1950er Jahren, als Ethylin Whittemore, Alta Smith und Ruby Dyer den Central Maine Cat Club gründeten, begann die Rasse, in die Herzen der Amerikaner zurückzukehren. Innerhalb dieses Clubs entstanden die ersten Rassestandards für die Maine Coon.

## Die Rückkehr der Maine Coon

Nachdem die Rasse 1982 von der FiFe endlich den offiziellen Rassestatus erhalten hatte, begannen die Katzen, wieder in den Ausstellungsring zurückzukehren und erneut die Aufmerksamkeit der Menschen zu erregen. Schließlich führte ihre neu gewonnene Popularität dazu, dass der U.S.-Bundesstaat Maine die Maine Coon offiziell zu seiner Staatskatze erklärte. Seit 2021 gilt die Maine Coon als die drittbeliebteste Katzenrasse in Deutschland.

## Die Geschichte eines Klons

Maine Coons werden von ihren Besitzern so geliebt, dass einige sogar wünschen, ihre Katzenbegleiter zu klonen. Tatsächlich war die erste kommerziell geklonte Katze ein Klon einer 17-jährigen Maine Coon namens Nicky. Little Nicky, wie der Klon genannt wurde, wurde 2004 produziert, nachdem eine Frau in Nordtexas 50.000 Dollar bezahlt hatte, um ihr verstorbenes Haustier nachzubilden.

Während der ursprüngliche Nicky sein Leben lang keine gesundheitlichen Probleme hatte, wurde Little Nicky von Problemen geplagt, die sein Vorgänger nicht hatte. Obwohl es keinen Beweis dafür gibt, dass dies auf den Klonprozess zurückzuführen war, ist es eine Vermutung. Die Besitzerin behauptete, dass Little Nicky eine ähnliche Persönlichkeit und physische Eigenschaften wie der ursprüngliche Nicky besaß.

# KAPITEL 2
# Eine Maine Coon finden

*Die Maine Coon ist eine umgängliche und anpassungsfähige Katzenrasse. Sie kann in den unterschiedlichsten Familien- und Personenkonstellationen gedeihen, solange sie bei Menschen lebt, die interaktive Haustiere schätzen. Maine Coons mögen Menschen wirklich gerne und wollen so viel wie möglich bei ihren Besitzern sein. Oft folgen sie ihnen von Raum zu Raum und mischen sich in alle Aktivitäten ein, die ihre Menschen gerade unternehmen. Umgekehrt werden sie sich in einer Umgebung nicht wohlfühlen, in der sie während langer Arbeitstage völlig allein gelassen werden, besonders wenn ihre Besitzer auch abends noch einmal außer Haus sind. Wenn sie keine anderen vierbeinigen Freunde haben, können Maine Coons in solchen Situationen scheu und zurückhaltend werden oder übermäßig anhänglich sein, sobald ihre Menschen zu Hause sind. Ein weiterer wichtiger Punkt: Maine Coons werden zu großen Katzen mit langen Beinen und Schwänzen, daher sind Haushalte mit vielen zerbrechlichen Kostbarkeiten nicht die beste Wahl. Im Allgemeinen gewöhnen sich Maine Coons gut an andere Haustiere, besonders wenn sie als Kitten eingeführt werden.*

TERI MATZKIN
*SaraJen Maine Coon Cats*

Sobald du dich dazu entschieden hast, dass eine Maine Coon das Richtige für dich ist, bist du vielleicht bereit, mit der Suche nach einem Kitten zu beginnen. Bevor du dich an den erstbesten Züchter oder das nächste Tierheim wendest, gibt es einige Dinge, die du über den Prozess wissen solltest.

Dieses Kapitel geht ausführlich darauf ein, was den Kauf von einem Züchter von der Adoption unterscheidet und wie du herausfindest, welche Entscheidung für dich am besten ist.

## Kaufen oder Adoptieren

Bei der Suche nach einer Maine Coon gibt es grundsätzlich zwei Wege. Du kannst ein Kitten oder eine ältere Maine Coon aus einer Tierschutzeinrichtung adoptieren, oder du kannst ein Maine Coon Kitten von einem seriösen Züchter kaufen. Obwohl viele Menschen starke Befürworter der Adoption sind, gibt es kein Richtig oder Falsch, wenn es darum geht, deinen felinen Begleiter zu wählen.

Ein Kitten oder eine erwachsene Katze zu adoptieren, die ein Zuhause

Foto: Mit Erlaubnis von
Liz Holmes
Monster Maine Coons

braucht, ist eine ehrenvolle Sache, aber die Katzenadoption kommt mit Schwierigkeiten. Erstens wirst du es unglaublich schwer haben, eine reinrassige Maine Coon in einem lokalen Tierheim zu finden. Du müsstest dich an eine auf Maine Coons spezialisierte Tierschutzorganisation wenden. Es ist möglich, einen Maine-Coon-Mix in einem Tierheim zu finden. Allerdings ist die genetische Herkunft einer Tierheimkatze nie sicher, daher wirst du wahrscheinlich nie Gewissheit darüber haben, ob die Katze Maine-Coon-Gene besitzt, es sei denn, du lässt einen DNA-Test durchführen.

Abgesehen von der unbekannten genetischen Zusammensetzung hat eine erwachsene Katze aus dem Tierheim eine ebenso unbekannte Vergangenheit und könnte möglicherweise Probleme mit menschlicher Gesellschaft haben. Egal wie sanft und freundlich eine Rasse wie die Maine Coon ist: Traumata, Missbrauch und Vernachlässigung können die Persönlichkeit einer Katze und die Art, wie sie mit ihrer menschlichen oder tierischen Familie interagiert, beeinflussen. Wenn du dich nicht in der Lage fühlst, eine Katze mit früheren Traumata zu halten, solltest du vielleicht überdenken, ob du eine erwachsene Katze aus einer Tierschutzeinrichtung oder einem Tierheim adoptieren möchtest. Wenn du dich für eine Adoption entscheidest, stelle sicher, dass du im Voraus über alle möglichen Probleme informiert bist. Adoptiere eine gut angepasste Maine Coon oder entscheide dich stattdessen für den Kauf bei einem Züchter.

Nur weil eine Katze im Tierheim ist, heißt das nicht, dass sie mit vergangenen Traumata zu kämpfen hat oder schwierig im Umgang ist. Du solltest dir jedoch klar darüber sein, dass die Möglichkeit besteht, bevor du sie nach Hause bringst. Eine erwachsene Katze im Tierheim hat wahrscheinlich eher mit Angst oder Gefühlen des Verlassenseins zu kämpfen als ein junges Kitten, das noch kein anderes Leben kennengelernt hat. Andererseits kannst du die Persönlichkeit und das individuelle Temperament einer erwachsenen Katze besser einschätzen als bei einem Kätzchen. Wenn zum Beispiel eine bestimmte Maine Coon nicht gut mit Kindern zurechtkommt, ist das etwas, was das Tierheim wissen und dir mitteilen wird, bevor du sie in ein Haus voller Kinder bringst.

Wie besprochen gibt es sowohl Vor- als auch Nachteile bei der Adoption einer Maine Coon aus dem Tierschutz. Informiere dich daher gründlich über jedes Tier und jede Einrichtung, bevor du dich entscheidest, auf welchem Weg du deine Maine Coon zu dir nach Hause holst.

## Grundwissen zu Tierschutzeinrichtungen und Tierheime

*Bei einer Tierschutzorganisation bekommst du gemischte Linien. Die Wahrscheinlichkeit, dass eine reinrassige Maine Coon in einer Tierschutzeinrichtung landet, ist unglaublich gering, da diese Katzen teuer zu importieren und exportieren sind. Ich sage immer „Adoptiere, bevor du kaufst" (sogar auf meiner eigenen Website), aber wenn du kaufen willst, achte auf Fakten und Nachweise. Lass nicht zu, dass dir ein süßes, flauschiges Kitten das Herz erweicht.*

KOSMOS L KNOVAS
*KosmikCattery LLC*

Wenn du dich dazu entscheidest, eine Maine Coon zu adoptieren, musst du wissen, wo du suchen solltest und wie das Prozedere ist. In Deutschland gibt es verschiedene Arten von Tierschutzeinrichtungen: kommunale Tierheime, private Tierheime und gemeinnützige Tierschutzorganisationen. Im Folgenden findest du eine kurze Beschreibung der einzelnen Einrichtungen.

**Städtische Tierheime** – Diese Tierheime nehmen Streuner, ausgesetzte und abgegebene Tiere auf. Sie werden von den lokalen Behörden betrieben und finanziert. Tiere haben dort nur eine begrenzte Zeit, um adoptiert zu werden, und werden daher oft aufgrund von Platzmangel für neue Aufnahmetiere eingeschläfert.

Die Adoptionsgebühren sind in diesen Einrichtungen in der Regel niedrig. Fast alle verlangen, dass ein Tier kastriert oder sterilisiert wird, bevor es adoptiert werden kann. Die Katzen werden in Zwingern gehalten und erhalten grundlegende tierärztliche Versorgung, solange sie im Tierheim bleiben.

Wenn du aus einem Tierheim adoptierst, solltest du dir bewusst sein, dass die stressige Umgebung dazu führen kann, dass eine Katze distanziert, ängstlich oder sogar aggressiv wirkt, auch wenn das nicht ihrer wahren Persönlichkeit entspricht.

**No-Kill-Tierheime/Tierheime ohne Tötungsstation:** Hierbei handelt es sich überwiegend um Vereine oder anderweitig privat organisierte Tierheime, die gesunde und vermittelbare Tiere nicht einschläfern. Dadurch haben sie eine stark begrenzte Aufnahmekapazität und müssen Tiere aufgrund von Platzmangel abweisen.

Katzen werden oft für längere Zeit in solchen Tierheimen gehalten; Monate und manchmal sogar Jahre vergehen, bevor sie adoptiert werden. Wenn eine Einrichtung voll ist, werden oft Pflegestellen eingesetzt. Dies kann häufig dazu beitragen, ein „Zwingersyndrom" zu vermeiden und einer traumatisierten Maine Coon helfen, sich anzupassen und vermittelbarer zu werden.

**Tierschutzorganisation:** Diese Organisationen oder Vereine werden überwiegend von Freiwilligen am Laufen gehalten. Sie nutzen Pflegestellen, um so viele Tiere wie möglich zu retten. Außerdem schläfern sie keine Tiere ein, wenn dies nicht medizinisch notwendig ist.

Diese Organisationen werden in der Regel privat finanziert oder sind auf Spenden angewiesen. Viele Tierschutzorganisationen sind rassespezifisch und widmen sich der Rettung einer bestimmten Rasse, wie der Maine Coon. Tierschutzorganisationen bieten die gleiche grundlegende tierärztliche Versorgung wie kommunale Tierheime, müssen jedoch oft die vollen Preise zahlen, was zu höheren Adoptionsgebühren führt.

Die meisten Tierschutzgruppen sind stark auf Pflegefamilien angewiesen. Einige haben möglicherweise überhaupt keine physische Einrichtung, sondern betreiben stattdessen eine Website mit Informationen über ihre verfügbaren Katzen. Da die Katze bei einer Pflegefamilie lebt, ist mehr über die Persönlichkeit der Katze bekannt, was es einfacher macht, ein passendes Zuhause für das Tier zu finden.

Tierschutzorganisationen haben in der Regel viel strengere Adoptionsrichtlinien und -verfahren und verlangen häufig eine Hausbesichtigung vor der Genehmigung. Ähnlich wie bei einem typischen Züchter haben sie viele Richtlinien, die vorschreiben, dass Adoptierende die Katze zur Tierschutzorganisation zurückbringen müssen, wenn sie das Tier nicht mehr behalten können. Die Wahrscheinlichkeit, eine reinrassige Maine Coon in einer rassespezifischen Tierschutzorganisation zu finden, ist viel höher als in einem kommunalen Tierheim oder einem privaten Tierheim.

## Tipps für die Adoption

Bei der Adoption einer Maine Coon aus einer Tierschutzeinrichtung gibt es einige Dinge, die du tun kannst, um Stress bei der Suche zu verringern. Obwohl es unwahrscheinlich ist, dass du eine Maine Coon in einem lokalen kommunalen Tierheim findest, zögere nicht, trotzdem anzurufen und ihnen mitzuteilen, wonach du genau suchst. Bitte sie, nach einer Maine Coon oder einem möglichen Maine-Coon-Mix Ausschau zu halten und dich anzurufen, wenn eine hereinkommt. Wenn du bestimmte Anforderungen hast, teile sie ebenfalls mit, aber denke daran: Je spezifischer du bist, desto länger kann es dauern, bis du die Katze findest, die du suchst.

Tiere aus dem Tierschutz, auch Katzen, zeigen oft eine besondere Dankbarkeit für die Chance auf ein dauerhaftes Zuhause und eine Familie, die sie ihr Eigen nennen können. Wenn du planst, eine auf Maine Coons spezialisierte Tierschutzorganisation zu kontaktieren, solltest du wissen, dass sie oft Bewerbungs- und Auswahlverfahren haben. Reiche deine Informationen schnell ein, wenn du eine Maine Coon findest, die dir gefällt. Es ist nicht ungewöhnlich, dass diese rassespezifischen Tierschutzorganisationen eine lange Warteliste haben.

# KAPITEL 3
# Alles über Maine-Coon-Züchter

Solltest du dich dafür entscheiden, dass ein Züchter der richtige Weg für dich und deine Familie ist, um einen Maine-Coon-Katzenbegleiter zu finden, achte unbedingt darauf, dass es sich um seriöse Züchter handelt. Hüte dich vor Hobbyzüchtern, die Tiere ausschließlich zum Zweck der Gewinnerzielung züchten und dabei oft die Pflege der Rasse und der Tiere in ihrer Einrichtung vernachlässigen. Diese Orte sind ein Nährboden für Erbkrankheiten und andere Leiden.

## Einen Züchter finden

*Bei der Wahl eines Züchters ist es wichtig, sicherzustellen, dass dieser bei einem Katzenverband registriert ist und Registrierungspapiere für dein Kätzchen oder deine Katze bereitstellt. Der größte Zuchtverband in Deutschland ist der 1. DEKZV. Registrierungspapiere sind für den Züchter nicht teuer und stellen sicher, dass die Katze tatsächlich eine Maine Coon ist. Der nächste Schritt ist, sicherzustellen, dass der Züchter Gesundheitstests durchführt, da Maine Coons eine höhere Rate an HCM (hypertrophe Kardiomyopathie, eine Herzerkrankung) und Hüftdysplasie aufweisen. Die Tests sollten aus DNA-Tests, jährlichen Herzechokardiogrammen und Hüftröntgen für jede Zuchtkatze bestehen. Die Katzen sollten auch auf FIV/FeLV getestet sein und negativ sein.*

*Vorzuziehen sind Katzenzuchten, die dir einen Besuch ermöglichen, damit du sicherstellen kannst, dass die Katzen gesund aussehen, genügend Platz, angemessene Beschäftigungsmöglichkeiten und eine saubere Umgebung haben. Ein guter Züchter wird viele Fragen über dich stellen und Fragen von dir begrüßen.*

JASMINA WALTZ
*Star-Studded Maine Coons*

Ein guter Ausgangspunkt für deine Suche nach einem Maine-Coon-Züchter ist die Mundpropaganda. Hast du Freunde oder Familienmitglieder, die eine Maine Coon haben? Falls ja, von welchem Züchter haben sie ihr Tier? Wenn du niemanden kennst, den du fragen könntest, versuche es mit einer Internetsuche.

Finde einen Maine-Coon-Züchter in deiner Nähe und überprüfe Bewertungen auf Facebook, Google und anderen Plattformen. Diese Bewertungen können sehr hilfreich sein, um schlechte oder unverantwortliche Züchter zu erkennen, bevor es zu spät ist. Denk daran, dass Bewertungen oft nur eine Seite einer sehr persönlichen Geschichte widerspiegeln, also lass dich nicht von einer negativen Bewertung abschrecken, wenn die Mehrheit positiv ist.

Auf Facebook gibt es auch mehrere Maine-Coon-Katzengruppen, denen du kostenlos beitreten kannst. Diese Gruppen sind großartig, um persönliche Geschichten, Informationen und Feedback von anderen Besitzern zu erhalten. Oft findest du auch Informationen zu Züchtern in diesen Gruppen. Diese virtuellen Gruppen ermöglichen es dir, dich mit Besitzern auf der ganzen Welt zu vernetzen, was in früheren Jahrzehnten nicht möglich war.

## Der Ruf des Züchters

*Bei der Wahl eines Maine-Coon-Züchters sollte dein Fokus auf der allgemeinen Gesundheit, dem Temperament und dem Wohlbefinden der Kätzchen/Katzen liegen, die der Züchter produziert und aufzieht. Wenn möglich, ist es am besten, den Züchter zu besuchen, bevor du eine endgültige Kätzchenwahl triffst, um sicherzustellen, dass du mit den Zuchtbedingungen zufrieden bist. Vermeide überfüllte und unsaubere Situationen, in denen Infektionskrankheiten verbreitet sein könnten. Es ist auch wichtig, mit einem Züchter zusammenzuarbeiten, der alle verfügbaren genetischen Tests durchführt, um die Robustheit seines Zuchtprogramms zu verbessern. Wenn du nach „echten" Maine Coons bei einer Tierschutzorganisation suchst, sei dir bewusst, dass viele als Maine Coons beworbene Katzen lediglich langhaarige Hauskatzen sind, die vielleicht nur ein oder zwei Merkmale aufweisen, die denen von Maine Coons ähneln. Diese Katzen verdienen es trotzdem, gerettet und geliebt zu werden, aber sie haben möglicherweise nicht das wahre Temperament der echten Rasse.*

TERI MATZKIN
*SaraJen Maine Coon Cats*

Der Ruf des Züchters ist einer der wichtigsten Aspekte bei deiner Suche nach einer Maine Coon. Ein seriöser Züchter wird bestimmte Standards erfüllen, die ein durchschnittlicher „Hobbyzüchter" oder eine gewöhnliche Katzenzucht nicht erfüllen wird. Eine gesunde Maine Coon sollte deine oberste Priorität bei der Suche nach einem Züchter sein. Es ist anfangs nicht einfach, die guten Züchter von den schlechten zu unterscheiden. Hier sind einige der wichtigsten Faktoren und Fragen, die dir helfen können, einen Qualitätszüchter von einem weniger guten zu unterscheiden.

### Sind sie zertifiziert?

Eine seriöse und vertrauenswürdige Katzenzucht wird von einem der führenden Verbände zertifiziert sein, wie dem 1. DEKZV. Züchter, die unter diesen Verbänden zertifiziert sind, verstehen den Rassestandard und setzen sich in erster Linie für die Verbesserung der Rasse ein. Jedes Kätzchen, das du von einem zertifizierten Züchter kaufst, wird mit Verbandspapieren kommen.

### Kann ich die Katzenzucht besuchen?

Ein seriöser Züchter sollte einen potenziellen Adoptanten in die Katzenzucht einladen. Aus gesundheitlichen Gründen lassen sie dich möglicherweise nicht in bestimmte Bereiche der Einrichtung, da die Sorge besteht,

Foto: Mit Erlaubnis von
Liz Holmes
Monster Maine Coons

Krankheiten einzuschleppen, die für das noch nicht voll entwickelte Immunsystem eines jungen Kätzchens schädlich sein könnten. Ein Züchter sollte dir jedoch immer erlauben, dass du ihn vor Ort besuchst um die anderen Maine Coons im Programm zu sehen. Wenn eine seriöse Katzenzucht keine Besucher zulässt, sollten sie Videos und Bilder von deinem Kätzchen und der Einrichtung schicken.

### *Wie lange züchten Sie schon Maine Coons?*

Idealerweise suchst du einen Züchter mit langjähriger Erfahrung, der bereits viele nachweislich gesunde Würfe hervorgebracht hat. Ein Qualitätszüchter mit ausreichender Erfahrung wird wissen, wie man nur die wünschenswertesten Eigenschaften und gesunde Maine Coons züchtet.

### *Auf welche genetischen Erkrankungen testen Sie vor der Zucht, und auf welche Erkrankungen untersuchen Sie die Kätzchen vor dem Verkauf?*

Alle reinrassigen Katzen sind anfällig für bestimmte genetische Krankheiten und Zustände. Diese werden in Kapitel 11 ausführlicher besprochen. Vor dem Kauf ist es wichtig, nach einer detaillierten Liste der Tests und Untersuchungen zu fragen, die an den Elterntieren durchgeführt wurden, sowie nach Kopien der Testergebnisse. Beachte, dass eine „Untersuchung" durch einen Tierarzt nicht dasselbe ist wie ein genetischer Test.

Der Kauf einer Maine Coon von einem Züchter, der keine genetischen Tests an seinen Tieren durchführt, ist riskant und erhöht die Chance, dass deine Katze von häufigen rassespezifischen genetischen Erkrankungen wie hypertropher Kardiomyopathie (HCM), spinaler Muskelatrophie (SMA), Hüftdysplasie und mehr betroffen sein wird. Obwohl genetische Tests nicht garantieren, dass deine Katze ein Leben lang gesund sein wird, verringern sie die Wahrscheinlichkeit erheblich, dass deine Katze mit diesen kostspieligen und herzzerreißenden Krankheiten zu kämpfen haben wird.

### *Kann ich die Tierarztunterlagen für beide Elterntiere sehen?*

Die Wahl einer Maine Coon ist eine bedeutende Investition, die dein Leben potenziell für die nächsten zehn bis zwanzig Jahre beeinflussen wird. Es ist daher äußerst wichtig, dass der Züchter, den du wählst, offen und transparent mit Informationen über die Elternkatzen umgeht. Wenn der Züchter nicht bereit ist, medizinische Unterlagen zu teilen, solltest du einen anderen Züchter finden. Beide Katzeneltern sollten von Spezialisten untersucht und frei von Defekten sein. Der Züchter sollte auch Nachweise für genetische Tests vorlegen. Die Wahl eines zertifizierten Maine-Coon-Züchters sollte sicherstellen, dass ordnungsgemäße genetische Tests durchgeführt werden.

**Verkaufen Sie jemals an einen Vermittler oder ein Zoogeschäft?**

Wenn die Antwort „Ja" lautet, dann wende dich sofort von dieser Katzenzucht ab! Kätzchen, die in Zoohandlungen gefunden werden, werden nur zum Profit gezüchtet und kommen ohne Gesundheitsgarantie. Ein verantwortungsvoller Züchter, der für die Verbesserung der Maine-Coon-Rasse, deren Gesundheit und das Erscheinungsbild der Katze züchtet, wird niemals ein Tier an einen Vermittler oder ein Zoogeschäft verkaufen. Seriöse Züchter investieren viel in ihre Katzen und möchten die Familien jedes ihrer Kätzchen kennenlernen, um sicherzustellen, dass sie richtig versorgt werden.

## Verlange einen Vertrag

*Stelle immer sicher, dass du mit einem echten Züchter oder einer echten Tierschutzorganisation kommunizierst. Es gibt viele Betrüger, die es auf diejenigen abgesehen haben, die eine Maine Coon möchten. Überprüfe die 1. DEKZV-Register, ob die Katzenzucht echt ist. Wenn der Preis zu gut erscheint, um wahr zu sein, ist es wahrscheinlich ein Betrug. Reinrassige Maine Coons kosten selten unter 1.000 Euro. Wenn die Person dich drängt, Geld zu senden, ziehe einen anderen Züchter in Betracht. Kaufe niemals ein Kätzchen von einer Webseite, die einen Sofort-Kaufen-Button hat; das sind Betrügereien. Finde einen Züchter, der Gesundheits- und DNA-Tests durchführt. Du möchtest sicherstellen, dass das Kätzchen, das du bekommst, gesunde Gene hat. Viele Tierschutzorganisationen listen langhaarige Katzen als Maine Coons, aber es ist schwer zu wissen, ob Katzen reinrassig sind, ohne einen DNA-Test, es sei denn, die Katze wurde vom Besitzer abgegeben.*

CORIE UND MATTHEW HELMS
*Rocketmans Maine Coons*

Zusammen mit den Registrierungspapieren sollte dein Kätzchen mit einem Vertrag kommen, der alle oben genannten Dinge detailliert aufführt. Dieser Vertrag ist mehr als nur ein Kaufbeleg. Er beschreibt all deine Rechte als Käufer und die Rechte des Züchters. Dieser Vertrag sollte die Verantwortlichkeiten des Züchters wie genetische Tests, Tierarztunterlagen und Abstammungsnachweise enthalten. Darüber hinaus stellt es gewisse Bedingungen an den Käufer und klärt das Zuchtrecht. Darin wird auch festgelegt, was mit der Maine Coon passieren soll, wenn du nicht mehr für sie sorgen kannst, und sogar ein Alter, bis zu dem deine Katze kastriert oder sterilisiert werden muss.

Maine Coons, die mit Zuchtrechten erworben werden, also dem Recht, mit ihnen Nachwuchs zu züchten, kommen oft mit Auflagen. Dazu gehört häufig, dass du deine Maine Coon erst züchten darfst, wenn sie ein bestimmtes Alter erreicht hat. Dies hilft, die Chancen auf einen gesunden Wurf zu erhöhen, und gibt der Elternkatze auch die Möglichkeit, Anzeichen von genetischen Erkrankungen zu zeigen. Für den Fall, dass deine Katze Anzeichen einer genetischen Erkrankung zeigt, sollte der Vertrag eine Kastration oder Sterilisation vorschreiben und die Zuchtrechte widerrufen, da dies der Verbesserung der Rasse als Ganzes dient.

Dein Züchtervertrag kann auch festlegen, ob du deine Maine Coon bei Katzenausstellungen zeigen darfst oder nicht. Wenn dich Katzenausstellungen interessieren, frage im Voraus nach deinen Rechten in dieser Hinsicht.

Neben den Grundlagen in einem Züchtervertrag sollte eine Gesundheitsgarantie enthalten sein. Diese Gesundheitsgarantie soll sicherstellen, dass deine Katze innerhalb eines bestimmten Zeitraums, typischerweise zwei bis fünf Jahre, keine genetischen Erkrankungen entwickelt. Suche nach Züchtern, die den gesamten oder einen Teil des Kaufpreises deiner Katze zurückerstatten, wenn solche Erkrankungen auftreten.

Viele Züchter bieten eine Ersatzkatze an, aber Besitzer lehnen dieses Angebot oft ab, da sie bereits eine Bindung zur gekauften Katze aufgebaut haben. Deshalb sollte die Art der Rückerstattung als Option im Züchtervertrag für den Fall genetischer Erkrankungen detailliert beschrieben sein.

Stelle sicher, dass du alle Fragen oder Bedenken klärst, bevor du einen Vertrag unterschreibst, damit du genau weißt, wofür du dein Geld ausgibst.

## Auswahl eines Maine-Coon-Kätzchens

*Die Wahl der besten Maine Coon hängt stark vom Zuhause ab, in das die Katze einziehen wird. Wenn es kleine Kinder oder ungestüme Hunde gibt, die eine Katze stressen könnten, dann wähle eine mutige Katze oder ein mutiges Kätzchen. Im Allgemeinen passen sich Kätzchen jedoch gut an Kinder und Tiere an, und vorhandene Haustiere empfinden die Aufnahme eines Babytieres (d. h. eines Kätzchens) als nicht bedrohlich, wenn auch manchmal etwas nervig. Wenn du eine erwachsene Maine Coon in ein Zuhause mit vorhandenen Haustieren bringst, versuche zuerst herauszufinden, ob die neue Maine Coon mit anderen Tieren auskommt oder nicht. Ein Zuhause ohne kleine Kinder und ohne andere Haustiere könnte wahrscheinlich jede ausgewachsene Maine Coon oder jedes Kätzchen aufnehmen, und es würde sich anpassen.*

CARON JANTZEN
*Bald Mountain Maine Coons*

Sobald du einen seriösen Züchter gefunden hast, wirst du bald bereit sein, dein Maine-Coon-Kätzchen auszuwählen. Hier sind einige Dinge, die du beachten und nach denen du Ausschau halten solltest, wenn du das perfekte Kätzchen für dich und deine Familie auswählst!

## Überprüfe die Gesundheit

Überprüfe zumindest, ob die Kätzchen bei grundlegend guter Gesundheit sind, bevor du eines aus einem Wurf auswählst. Die Augen sollten klar und hell sein, Nase und Ohren sind sauber und das Fell sollte gesund aussehen. Die Kätzchen sollten sich mit Leichtigkeit bewegen und keine Anzeichen von Unbehagen zeigen. Ihre Bäuche sollten nicht aufgebläht sein.

Während Kätzchen verspielt und energiegeladen sein sollten, sollten sie keine Anzeichen von Aggression zeigen oder ängstlich wirken. Dies sind keine Eigenschaften, die ein seriöser Maine-Coon-Züchter in einen gesunden Wurf einzüchten würde.

Wenn du Kätzchen in einem Wurf siehst, die diese Standards nicht er-

Foto: Mit Erlaubnis von
Liz Holmes
Monster Maine Coons

füllen, solltest du vielleicht einen anderen Züchter suchen. Ein gesunder Wurf wird diese Anzeichen nicht zeigen, und ein seriöser Züchter wird keine Kätzchen verkaufen, die nicht seinen Gesundheitsstandards entsprechen.

## Katze oder Kater?

Bei der Wahl des Geschlechts ist es wichtig zu wissen, wie sie sich voneinander unterscheiden. Männchen, auch als Kater bekannt, können anhänglicher und freundlicher sein, jedoch auch größer werden. Sie können auch territorial sein und markieren, wenn sie nicht kastriert sind. Unkastrierte Männchen werden auch heulen, um Weibchen zu rufen, und neigen eher dazu, umherzustreifen.

Weibliche Maine Coons sind für gewöhnlich etwas zurückhaltender als ihre männlichen Artgenossen, aber sie sind weitaus weniger territorial. Weibchen heulen auch, wenn sie in die Hitze kommen, und können in jungem Alter trächtig werden.

Obwohl diese Richtlinien dir bei der Entscheidung zwischen den Geschlechtern helfen können, wird jede Maine Coon ihre eigene Persönlichkeit haben und deiner Familie viel Liebe und Zuneigung schenken.

## Eine Katze oder mehr?

Trotz des weit verbreiteten Missverständnisses, dass Katzen Einzelgänger sind und gerne allein sind, ist es nicht immer eine schlechte Idee, zwei Kätzchen auf einmal nach Hause zu bringen. Tatsächlich gibt es mehrere Vorteile, wenn man zwei Kätzchen gleichzeitig nach Hause bringt.

**Gemeinschaft** – Katzen mögen zwar ihre Zeit für sich und ihren persönlichen Raum wertschätzen, aber eine Katze, die zu lange allein gelassen wird, kann sich schnell langweilen und destruktiv werden. Wenn du zwei Kätzchen gleichzeitig nach Hause bringst, stellst du sicher, dass deine Katzen immer einen Begleiter haben und jemanden, mit dem sie aktiv sein können.

Wenn du versuchst, ein Kätzchen zu einer erwachsenen Katze nach Hause zu bringen, kann es deiner erwachsenen Katze schwerfallen, sich anzupassen und ihren Raum zu teilen. Zwei Kätzchen aus demselben Wurf nach Hause zu bringen, kann das Leben mit zwei Katzen tatsächlich einfacher machen, da sie bereits als Wurfgeschwister eine Bindung aufgebaut haben.

**Fellpflege:** Zwei Katzen zu haben bedeutet, dass immer ein Katzengefährte da ist, der bei der Fellpflege hilft. Katzen können sich selbst ziemlich effizient pflegen, aber eine andere Katze kann ihnen dabei helfen, die Stellen zu pflegen, die schwer erreichbar sind. Außerdem ist es unglaublich niedlich, ihnen beim gegenseitigen Putzen zuzusehen!

**Aktivität:** Bei zwei Kätzchen ist immer ein weiterer, energiegeladener Fellknäuel zum Spielen parat. Das ist besonders dann großartig, wenn du nicht immer zum Spielen zur Verfügung stehst. Ein Katzengefährte kann hingegen all die Bewegung bieten, die eine Katze braucht, um fit und gesund zu bleiben.

Obwohl es mehrere Vorteile gibt, zwei Kätzchen auf einmal nach Hause zu bringen, bedeutet das nicht, dass du nicht nur eines kaufen kannst. Ein Kätzchen wird in einer Familie, die ihm beständige Gesellschaft und Zuneigung bieten kann, gut zurechtkommen. Es wird wahrscheinlich zum Herrscher des Hauses werden und dir viele Jahre lang viel Liebe und Lachen schenken.

# KAPITEL 4

# Vorbereitung auf deine Maine Coon

*Wenn du ein neues Maine Coon Kätzchen zu dir nach Hause bringst, bereite zunächst einen Raum oder einen kleinen Bereich aus verbundenen Zimmern vor, damit sich die Katze eingewöhnen kann. Dies sollte ein Bereich sein, in dem du Zeit mit dem Kätzchen verbringen, mit ihm spielen und es streicheln kannst. Das Kätzchen sollte seine Katzentoilette und sein Futter leicht finden können und die Gerüche und Atmosphäre deines Zuhauses kennenlernen, bevor es dem gesamten Haus mit mehreren Räumen und Etagen ausgesetzt wird. Es ist auch wichtig, dass du in dieser Zeit beobachten kannst, ob das Kätzchen frisst und seine Katzentoilette richtig benutzt. Während das Kätzchen in diesem Einführungsbereich ist, sorge für etwas leise Musik oder ein laufendes Radio/Streaming, damit es sich weniger allein und fremd fühlt. Bei den meisten Maine Coon Kätzchen dauert diese Anfangsphase höchstens ein paar Tage, da sie tatsächlich sehr begierig darauf sein werden, die Abenteuer außerhalb dieses Raumes zu erkunden!*

TERI MATZKIN
*SaraJen Maine Coon Cats*

Der Abholtag ist ein Tag voller Aufregung und Vorfreude, wenn du deine neue, liebevolle Maine Coon in dein Leben und dein Zuhause bringst. Während dies definitiv ein Tag ist, auf den man sich freuen kann, musst du auch im Vorfeld Vorbereitungen treffen. Du musst dafür sorgen, dass deine Maine Coon in eine sichere Umgebung kommt, in der sie zu der liebevollen Katze heranwachsen kann, die in ihr steckt.

Dieses Kapitel führt dich durch diesen Prozess und zeigt dir alles, was du wissen musst, bevor du deine Maine Coon nach Hause bringst. Von der Vorbereitung anderer Haustiere bis hin zum Katzensicher-Machen deines Zuhauses und vielem mehr: So bist du bestens auf diesen aufregenden Tag vorbereitet!

## Vorbereitung anderer Haustiere

*Um ein Maine Coon Kätzchen (oder eine erwachsene Katze) anderen Haustieren vorzustellen, solltest du die Tiere zuerst mit dem Geruch des jeweils anderen vertraut machen, bevor sie sich tatsächlich begegnen. Dies ist besonders wichtig, wenn du eine erwachsene Katze in ein Zuhause mit anderen Haustieren bringst. (Kätzchen werden in der Regel als weniger bedrohlich wahrgenommen.) Wenn die neue Maine Coon also zunächst in einem Raum untergebracht ist, nimm sie irgendwann aus diesem Raum heraus und lass die anderen Tiere hinein, damit sie ausgiebig schnuppern können. Wenn die Tiere sich schließlich treffen, erwarte nicht, dass es Liebe auf den ersten Blick ist – oder auch nur Sympathie auf den ersten Blick –, besonders wenn sich zwei Katzen zum ersten Mal begegnen. Es könnte zu etwas Imponiergehabe und Knurren kommen, aber solange die Katzen nicht anfangen zu kämpfen, sollte alles in Ordnung sein. Wenn du ein Kätzchen/eine Katze in ein Zuhause mit Hund(en) bringst, würde ich die neue Maine Coon die Hunde in ihrem eigenen Tempo erkunden lassen, anstatt die Begegnung zu erzwingen. Achte nur darauf, dass die Hunde die neue Maine Coon nicht jagen, wenn sie sich schließlich treffen.*

CARON JANTZEN
*Bald Mountain Maine Coons*

Wenn du dich darauf vorbereitest, deine neue Maine Coon nach Hause zu bringen, vergiss nicht, auch deine vorhandenen Haustiere vorzubereiten. Während manche Katzen bei einer spontanen Zusammenführung gut miteinander auskommen, ist es möglicherweise keine gute Idee anzunehmen, dass man sie einfach gemeinsam in einem Raum setzen kann und alles

*Foto: Mit Erlaubnis von
Victoria Wassell*

gut wird. Dies könnte zu körperlichen oder emotionalen Traumata sowohl bei deiner neuen Maine Coon als auch bei deinen vorhandenen Tieren führen.

Ob du eine bereits vorhandene Katze, einen Hund oder sogar andere Kleintiere auf den Neuankömmling vorbereitest – sie alle brauchen Fürsorge und Zeit, um sich miteinander vertraut zu machen, noch bevor sie sich von Angesicht zu Angesicht begegnen. Dies erhöht die Wahrscheinlichkeit einer positiven und erfolgreichen Beziehung in der Zukunft.

## Vorbereitung einer vorhandenen Katze

Wenn du deine neue Maine Coon zu einer bereits vorhandenen Katze nach Hause bringst, ist es wichtig, dass sie sich gut kennenlernen, noch bevor sie sich von Angesicht zu Angesicht begegnen.

**Geruch austauschen:** Es ist wichtig, dass du deine vorhandene Katze schrittweise an das neue Kätzchen gewöhnst. Erlaube ihr zunächst, sich mit dem Geruch der neuen Maine Coon vertraut zu machen. Frage beim Züchter nach, ob du vor dem Abholtag eine Decke mit dem Geruch deines neuen Kätzchens mit nach Hause nehmen darfst. Möglicherweise musst du dafür vorher eine saubere Decke zum Züchter bringen, die du dann nach einigen Tagen abholen kannst.

Sobald du eine Decke oder einen anderen Gegenstand mit dem Geruch deines Kätzchens hast, stelle ihn deiner vorhandenen Katze vor und lasse den Gegenstand in einem gemeinsam genutzten Bereich des Hauses liegen. Dies wird für deine Katze wahrscheinlich nicht zu störend sein und sie wird sich an den Geruch einer anderen Katze im Haus gewöhnen.

**Getrennte Räumlichkeiten:** Bereite einen separaten Raum für deine neue Maine Coon vor, in dem sie Zeit allein verbringen kann – und zwar bevor du deinen neuen Schützling mit nach Hause bringst! Dies kann ein Schlafzimmer, Büro oder jeder andere Raum sein, der vollständig vom Rest des Hauses getrennt werden kann. Lasse abwechselnd deine neue Maine

Foto: Mit Erlaubnis von
Ahli Stevens

Coon und deine vorhandene Katze in den Raum. Dies ermöglicht es ihnen erneut, sich an den Geruch des jeweils anderen zu gewöhnen, ohne dass sie zu schnell aufeinander losgelassen werden.

Stelle sicher, dass jeder Raum mit Wasser und freiem Zugang zu einer Katzentoilette ausgestattet ist. Biete beiden Katzen viel soziale Interaktion. Dieser Raum ist nur vorübergehend, sollte aber dennoch alle grundlegenden Dinge enthalten, die deine Maine Coon zum Gedeihen braucht. Wenn die Katzen die Räume tauschen, werden sie die Wassernäpfe, Katzentoiletten und Spielzeuge des jeweils anderen benutzen.

Erlaube deinen Katzen, durch die geschlossene Tür zu interagieren, da sie wahrscheinlich beide neugierig auf die andere Katze im Haus sein werden. Du kannst sie sogar in der Nähe der geschlossenen Tür füttern, damit sie sich daran gewöhnen, in der Nähe des anderen zu fressen.

Wenn dabei eine der Katzen gestresst oder verängstigt wird, halte sie weiterhin getrennt, bis die Angst und der Stress abgeklungen sind, was normalerweise nur Zeit braucht. Dieser Prozess kann bei manchen Katzen ein paar Tage oder bei anderen ein bis zwei Wochen dauern. Sobald beide Katzen in der Nähe des anderen ruhig sind und mit der Anwesenheit des anderen gut zurechtzukommen scheinen, ist es Zeit für ein visuelles Treffen.

**Lass sie einen Blick aufeinander werfen:** Wenn du das Gefühl hast, dass deine Katzen bereit sind, sich zu treffen, dann beginne mit einem rein visuellen Treffen durch eine Glastür oder eine Barriere wie einem Babygitter. Wenn du ein Babygitter verwendest, dann stelle bei Bedarf zwei übereinander um sicherzustellen, dass keine der Katzen darüber springen kann. Halte die Katzen getrennt, aber sichtbar füreinander. Erlaube ihnen, auf diese Weise zu fressen und zu spielen.

Halte die Katzen so lange getrennt, wie du es für nötig hältst. Wenn sie bereit sind, entferne langsam die Barriere und erlaube deinen Katzen, sich richtig zu treffen. Behalte sowohl deine vorhandene Katze als auch deine neue Maine Coon genau im Auge, um sicherzustellen, dass alles ruhig bleibt. Ein wenig Fauchen kann vorkommen; es sollte jedoch schnell nachlassen, und die beiden sollten bald ruhig miteinander interagieren. Wenn nicht, trenne die Katzen und tausche weiterhin Räume und Gerüche aus. Halte sie getrennt, aber in Sichtweite voneinander, bis sie ruhiger werden.

Wenn deine vorhandene Katze Schwierigkeiten hat, sich an ihren neuen Gefährten zu gewöhnen, dann habe Verständnis dafür, denn bis zu diesem Zeitpunkt war es allein ihr Revier. Gib ihr ausreichend Zeit, sich anzupassen. Es ist sicherlich nicht unmöglich, eine weitere Katze in ein Zuhause mit einer vorhandenen Katze einzugewöhnen, aber es kann eine Herausforderung sein und erfordert manchmal Geduld und Ausdauer.

## Wie man vorhandene Hunde vorbereitet

*Wenn du deine Maine Coon einem vorhandenen Haustier vorstellst, achte auf Anzeichen von Eifersucht oder territorialem Verhalten bei deinem Haustier. Zum Beispiel kann dein vorhandenes Haustier das süßeste Haustier überhaupt sein, aber es könnte beißen, wenn sein Futter von einer Maine Coon aus dem Futternapf gefressen wird. Denk daran, Maine Coons LIEBEN FUTTER WIRKLICH, egal ob es dein Essen oder das eines anderen Haustieres ist!*

LYNN BARNETT
*Crescent Moon Maine Coons*

Foto: Mit Erlaubnis von
Douglas Grenville

Bevor du dich entscheidest, eine Maine Coon zu einem vorhandenen Hund nach Hause zu bringen, solltest du die Persönlichkeit und Vergangenheit deines Hundes berücksichtigen. Wenn dein Hund in der Vergangenheit Auseinandersetzungen mit Katzen oder anderen Kleintieren hatte, sie gejagt hat oder ihnen gegenüber aggressiv war, solltest du dir vielleicht noch einmal überlegen, ob die Anschaffung einer Maine Coon das Richtige ist. Nicht alle Hunde eignen sich dafür, in Harmonie mit Katzen zu leben. Nur du kennst deinen Hund. Wenn du Zweifel hast, könntest du deinen Hund an der Leine führend mit einer Katze interagieren lassen, um zu sehen, wie er reagiert, bevor du eine Katze nach Hause bringst.

Wenn du dich dazu entscheidest, eine Maine Coon zu einem vorhandenen Hund nach Hause zu bringen, befolge die gleichen, oben aufgeführten Schritte zur Vorstellung und Zusammenführung mit einer vorhandenen Katze. Beginne damit, den Geruch mit einer Decke oder einem anderen Gegenstand mitzubringen, bevor du deine Katze nach Hause bringst, und bringe sie dann in einen separaten Raum, bevor du mit dem Kennenlernen beginnst.

Je nach Persönlichkeit oder Energieniveau deines Hundes könnte er übermäßig aufgeregt werden und an der Tür, hinter der deine Katze ist, winseln oder kratzen. Dies ist nicht immer ein Zeichen von Aggression! Es könnte einfach bedeuten, dass dein Hund aufgeregt ist, seinen neuen Freund zu treffen und mit ihm zu spielen. Versuche, ihn abzulenken und ruhig zu halten, indem du seine normale Routine beibehältst.

**Das Vorstellen mit Leine** – Wenn du das Gefühl hast, dass dein Hund bereit ist, deine Katze zu treffen, dann tue dies vorsichtig. Nimm beide Tiere mit in einen neutralen Bereich, zu dem sie normalerweise keinen Zugang haben, damit es bei der ersten Begegnung keine territorialen Probleme gibt. Halte deinen Hund an der Leine und lass eine andere Person deine Maine Coon halten, damit beide Tiere gesichert sind. Wenn du ein Kätzchen nach Hause bringst, dann wird es höchstwahrscheinlich bereit sein, Freundschaft mit deinem Hund zu schließen. Aber du musst sicherstellen, dass auch dein Hund für diese Freundschaft empfänglich ist.

Lobe deinen Hund und bestärke ihn für gutes und positives Verhalten, wenn die erste Begegnung beginnt. Achte während dieser Begegnung genau auf die Signale deines Hundes. Wenn du Anzeichen von Stress, Aggression oder anderen negativen Emotionen bemerkst, trenne die beiden und lass sie sich beruhigen, bevor du es erneut versuchst.

Je nach Reaktion deines Hundes musst du die Begegnung an der Leine möglicherweise mehrmals wiederholen, bevor die Tiere ruhig und entspannt miteinander umgehen können. Nimm dir die Zeit dafür, da ein übereiltes

Treffen ohne Leine sowohl stressig als auch gefährlich für deine Katze sein kann, wenn die Tiere nicht bereit sind.

**Treffen ohne Leine** – Sobald die beiden Tiere ruhig und entspannt miteinander umgehen, kannst du deinem Hund die Leine abnehmen und ihm erlauben, deine Katze zu begrüßen. Die Katze sollte dabei weiterhin von einer Person gesichert gehalten werden. Streichele und liebkose deine neue Katze, während du gleichzeitig deinem Hund Zuneigung entgegenbringst. Dies wird dazu beitragen, dass dein Hund versteht, dass die Katze ein neues Familienmitglied und keine Bedrohung ist. Wenn die Interaktion gut läuft, dann lass auch deine Katze herunter, damit sie deinen Hund erkunden kann. Beobachte, wie eine neue Freundschaft entsteht.

Wenn du entschlossen bist, die Beziehung zum Funktionieren zu bringen, und deine Tiere Schwierigkeiten haben, friedlich miteinander umzugehen, erwäge die Hilfe eines Tierverhaltensexperten. Lasse deinen Hund und deine Katze niemals unbeaufsichtigt, bis deine Katze alt genug ist, um sich selbst zu verteidigen, und du sicher bist, dass sie sich verstehen. Stelle sicher, dass deine Katze immer einen Ort hat, zu dem sie bei Bedarf fliehen kann, vorzugsweise einen erhöhten Ort, den dein Hund nicht erreichen kann.

## Kleintiere und deine Maine Coon

Wenn du andere Kleintiere in deinem Zuhause hast, wie einen Vogel oder einen Hamster, stelle sicher, dass du ihre Unterkünfte entsprechend vorbereitest, bevor du deine Maine Coon nach Hause bringst. Katzen sind Raubtiere und werden kleine Tiere natürlicherweise jagen und sogar töten, daher ist es wichtig, ihre Gehege jederzeit gesichert zu haben.

Es ist möglich, eine Katze und andere Kleintiere im selben Zuhause zu halten, aber Vorsichtsmaßnahmen sollten immer getroffen werden. Versuche nicht, sie frei interagieren zu lassen, da der Instinkt bei deiner Maine Coon die Oberhand gewinnen könnte. Wenn das Gehege sicher ist, kannst du deiner Katze erlauben, deine anderen Kleintiere zu betrachten, aber wenn deine Katze bei deinen anderen Tieren Stress verursacht, trenne sie zum Wohle deiner Kleintiere.

## Vorbereitung von Kindern und Familie

*Wenn du dein Kätzchen oder deine Katze zum ersten Mal nach Hause bringst, halte es einige Tage von Haustieren getrennt, bis sich die Tiere wohlfühlen. Es hilft dabei, dem Kätzchen und deinen anderen Haustieren zu erlauben, sich unter der Tür durch zu beschnuppern. Verwende die gleiche Bürste zum Bürsten deiner anderen Haustiere, die du auch für das Kätzchen verwendest, damit sich die Tiere an den Geruch des jeweils anderen gewöhnen. Wenn du ihnen schließlich erlaubst, im selben Raum zu sein, beobachte sie genau auf Anzeichen von Aggression. Zwinge sie nicht zur Interaktion. Etwas Fauchen und Knurren von anderen Hauskatzen ist normal. Manchmal kannst du sie dazu bringen, eine Bindung einzugehen, indem du gleichzeitig mit ihnen spielst oder ihnen allen zusammen Leckerlis gibst. Kätzchen lassen sich leichter als erwachsene Katzen in ein Zuhause einführen, in dem bereits Haustiere leben. Wenn du dein Kätzchen seiner neuen Familie vorstellst, beschränke die Interaktionen auf nur wenige Personen gleichzeitig. Du möchtest das Kätzchen nicht erschrecken und überfordern. Zwinge das Kätzchen nicht, gehalten zu werden. Lass Familienmitglieder abwechselnd mit dem Kätzchen spielen oder ihm Leckerlis geben. Wenn dein Kätzchen Angst hat, wenn du anfängst, Besucher in deinem Haus zu empfangen, lass deine Besucher auch versuchen, deinem Kätzchen Leckerlis zu geben oder mit ihm zu spielen.*

CORIE UND MATTHEW HELMS
*Rocketmans Maine Coons*

Nicht nur vorhandene Haustiere müssen darauf vorbereitet werden, deine neue Maine Coon kennenzulernen. Es gibt mehrere Dinge, die du deinen Kindern und deiner Familie vor diesem aufregenden Tag beibringen solltest, um alle sicher und glücklich zu halten.

**Wie man ein Kätzchen hält** – Wenn du ein Maine Coon Kätzchen vom Züchter nach Hause bringst, dann ist es wichtig, dass alle Familienmitglieder wissen, wie man richtig mit ihm umgeht. Kätzchen sind empfindlich und können schon bei etwas festeren Kuscheleinheiten verletzt werden. Bringe deinen Kindern bei, wie man richtig mit einem Kätzchen umgeht und setze Grenzen, bevor du eines nach Hause bringst. So vermeidest du Stress und Traumata.

Wenn du dein Kätzchen hochhebst, stütze immer seinen Körper und sein Hinterteil. Hebe es sanft mit deiner Hand unter seinem Bauch an und halte es sicher, aber nicht zu fest. Ziehe dein Kätzchen niemals an den Beinen oder am Schwanz. Obwohl Mutterkatzen ihre Kätzchen oft am Nackenfell transportieren, solltest du es nicht tun, da es Stress oder unbeabsichtigte Verletzungen verursachen kann.

Es ist nicht nur wichtig, dein Kätzchen richtig zu halten, sondern auch, es oft auf den Arm zu nehmen. Dadurch gewöhnt sich dein Kätzchen daran, dass es gehalten und getragen wird, wodurch es als ausgewachsene Katze das Festhalten oder Tragen tolerieren wird.

Foto: Mit Erlaubnis von Meghan Rockey

Erinnere Kinder daran, dass Katzen Krallen haben und dass sie beim Umgang mit einer Katze jeden Alters vorsichtig sein sollten. Lange Ärmel und Handschuhe können für kleine Kinder beim Umgang mit der Katze nützlich sein, bis sie reif genug sind, um ohne Angst vor Kratzern mit ihr zu interagieren.

Neben dem richtigen Umgang ist es wichtig, angemessene Grenzen zu besprechen. Bringe deinen Kindern bei, die Katze in Ruhe zu lassen, wenn sie Anzeichen von Stress zeigt oder wenn sie versucht, wegzugehen. Eine Katze zu zwingen, gehalten zu werden, wenn sie es gerade nicht möchte, kann Stress verursachen und zu Verletzungen bei deiner Katze oder den Kindern führen.

## Mach dein Zuhause katzensicher

*Im Allgemeinen unterscheidet sich das Nachhausebringen eines Maine Coon Kätzchens nicht sehr von jedem anderen Kätzchen. Junge Kätzchen sind extrem neugierig und werden Dinge tun, die erwachsene Katzen vielleicht nicht tun würden, daher ist es wichtig, deine Wohnung katzensicher zu machen. Sammle alle kleinen Dinge auf, die nicht in einen winzigen Kätzchenmagen gelangen sollten, wie kleine Legos, Schnüre, kleine Spielzeuge usw. Kätzchen kauen sogar an Kabeln, aber du kannst online Kabelabdeckungen finden, um sie zu schützen. Verhindere, dass sie Zugang zu höheren Orten haben, von denen sie herunterfallen könnten. Es ist auch wichtig, für junge Kätzchen nur nicht klumpenbildende Streu zu verwenden, da klumpenbildende Streu bei Verschlucken einen Darmverschluss verursachen kann, weil Kätzchenmägen viel kleiner sind. Alle Kätzchen fressen viel, also lege einen Vorrat an Futter an! Es gibt jedoch einen Unterschied zu anderen Katzenrassen, vor allem bei männlichen Maine Coon ... sie werden größer und höher als deine durchschnittliche Katze, daher sollten Katzentoiletten, Transportboxen, Kratzbaum und Betten ebenfalls größer sein. Wir kaufen oft Produkte für mittelgroße Hunde, damit die Katzen genug Platz haben.*

JASMINA WALTZ
*Star-Studded Maine Coons*

Kätzchen sind verspielte und neugierige Geschöpfe, die in alles hineingehen werden, was sie finden können. Wenn sie Unfug anstellen, dann kann das richtig niedlich sein, aber es kann auch eine Gefahr darstellen, wenn dein Kätzchen in etwas gerät, in das es nicht geraten sollte. Nimm dir die Zeit, dein Zuhause katzensicher zu machen, bevor der Abholtag kommt, damit deine Maine Coon in deinem Haus sicher und gesund bleiben kann.

**Kabel verstecken** – Wie auch menschliche Babys erkunden Kätzchen die Welt hauptsächlich mit ihrem Mund. Du denkst vielleicht, dass ein Fernsehkabel keine Gefahr darstellt, aber wenn ein neugieriges Kätzchen beginnt, daran zu kratzen und zu kauen, wird es schnell zu einer solchen. Binde alle losen Kabel im Haus zusammen, damit sie nicht zu einem verlockenden Spielzeug werden.

Wenn die Kabel für deine Katze zum Problem werden, führe sie durch PVC-Rohre, um sie abzudecken und außer Reichweite zu halten. Alternativ kannst du die Kabel mit einem handelsüblichen Bitterapfelspray besprühen, um die Katzen abzuschrecken. Wenn dein Kätzchen einfach gerne kaut, sage ihm fest „Nein", wenn es sich den Kabeln nähert, und biete ihm stattdessen ein akzeptables Kausspielzeug an.

**Schließe Waschmaschine und Trockner** – Auch wenn es nicht offensichtlich ist, so kann das Offenlassen der Waschmaschine oder des Trockners für deine Maine Coon gefährlich werden. Katzen suchen immer nach einem gemütlichen Ort zum Verstecken und der Innenraum einer Waschmaschine oder eines Trockners kann dann überaus verlockend sein. Dies wird dann zu einer ernsthaften Gefahr, wenn eine Person Wäsche wäscht und nicht weiß, dass eine Katze darin ist. Wenn du aus irgendeinem Grund die Maschinen offenlassen musst, dann schließe die Zimmertür und halte deine Maine Coons aus dem Raum heraus.

**Toilettendeckel runter** – Toilettendeckel sollten immer runtergemacht werden, damit ein durstiges Kätzchen nicht versehentlich schwimmen geht und dann nicht mehr herauskommt. Glaube nicht, dass dein Kätzchen so einfach wieder hinaufkommen kann!

**Gefährliche Zimmerpflanzen** – Zimmerpflanzen und Katzen vertragen sich oft nicht gut. Abgesehen von der Tatsache, dass deine Katze vermutlich jede Zimmerpflanze zerstören wird, weil sie an ihr knabbern muss, sind viele gängige Zimmerpflanzen giftig für deinen pelzigen Begleiter.

Einige äußerst häufige Zimmerpflanzen, die für Katzen giftig sind, sind Efeutute, Monstera deliciosa, Friedenslilien, Aloe Vera, Bogenhanf, Efeu und Dieffenbachie. Bei Verschlucken können diese Pflanzen alles von leichten Magenbeschwerden bis hin zu Atembeschwerden verursachen.

Dies sind nicht die einzigen gängigen Zimmerpflanzen, die eine Gefahr für deine Maine Coon darstellen, also überprüfe alle Pflanzen in deinem Zuhause, bevor du eine Katze nach Hause bringst. Während du vielleicht denkst, dass es ausreicht, eine giftige Pflanze hoch und außer Reichweite zu stellen, haben Katzen ihre eigene Art, selbst die unerreichbarsten Orte zu erklimmen. Deiner gefährlichen Zimmerpflanze ein neues Zuhause zu geben, ist eine viel sicherere Option. Kontaktiere sofort deinen Tierarzt, wenn dein Kätzchen eine Pflanze gefressen hat, an die es nicht hätte drangehen dürfen.

**Müll verschlossen halten** – Wenn du nicht gerne Müll vom Boden aufsammelst, dann halte diesen im gesamten Haus mit Deckeln verschlossen. Viele Katzen haben Spaß daran, Mülltonnen umzuwerfen und den Inhalt mit ihren kleinen Pfoten spielerisch zu verstreuen.

**Jalousieschnüre wegpacken** – Zugschnüre von Jalousien, die neben dem Fenster baumeln, sind ein verlockendes Spielzeug für junge Kätzchen und auch erwachsene Katzen. Ziehe diese außer Reichweite oder binde sie mit einem Gummiband zusammen, damit deine Maine Coon sich darin nicht verheddern kann.

## Lebensmittel, die für Katzen gefährlich sind

**Weintrauben** – Trauben und Rosinen können bei deiner Maine Coon schwere Krankheiten verursachen, bis hin zum Nierenversagen. Erbrechen innerhalb von zwölf Stunden nach der Einnahme sowie Lethargie, Appetitlosigkeit, vermindertes Urinieren, Bauchschmerzen und Durchfall können als Warnsignale auftreten. Wenn deine Katze nach dem Verzehr von Trauben oder Rosinen erbricht, dann rufe dringend einen Tierarzt oder den tierärztlichen Notdienst an. Jede Katze hat eine andere Toleranzgrenze, aber schon kleine Mengen können manche Katzen ernsthaft krank machen.

**Zwiebeln und Knoblauch** – Zwiebeln, Knoblauch und alle anderen Vertreter aus der Allium-Familie können bei Katzen, wenn in erheblichen Mengen verzehrt, Anämie verursachen. Zu den Symptomen gehören blasses Zahnfleisch, Lethargie, Schwäche und orangener bis dunkelroter Urin. Wenn du eines dieser Anzeichen bei deiner Katze siehst, dann solltest du sofort tierärztliche Hilfe suchen.

**Milchprodukte** – Ja, das schließt sogar Milch ein! Obwohl sie für Katzen nicht wirklich giftig ist, haben die meisten Schwierigkeiten damit, Laktose zu verdauen. Die Schüssel warme Milch, von der du dachtest, sie würde deinen Katzen gefallen, kann tatsächlich Magen-Darm-Beschwerden und Durchfall verursachen.

**Rohes Fleisch und Eier** – Katzen können genauso wie Menschen von E. coli und Salmonellen betroffen sein. Halte gerade beim Kochen rohes Fleisch von deiner neugierigen Katze fern.

**Schokolade** – Es sind nicht nur Hunde, die keine Schokolade essen würden. Tatsächlich ist sie für Katzen genauso giftig! Schokolade enthält Methylxanthin, ein Stimulans, das den Stoffwechselprozess einer Katze stoppen kann. Methylxanthine sind in besonders hohen Mengen in dunkler Schokolade und in Backschokoladen enthalten.

Zu viel Methylxanthin verursacht Krampfanfälle und eine gestörte Herzfunktion, was zum Tod führen kann. Wenn deine Katze Schokolade verschluckt, rufe den tierärztlichen Notdienst an. Im Gegensatz zu Hunden wird bei Katzen nicht empfohlen, Erbrechen mit Wasserstoffperoxid auszulösen, da dies Geschwüre verursachen kann.

**Xylit** – Xylit ist für Katzen besonders kritisch, da bereits geringe Mengen eine gefährliche oder sogar tödliche Reaktion hervorrufen. Erbrechen ist typischerweise das erste Symptom einer Xylit-Vergiftung. Wenn du die Vermutung hast, dass deine Katze auch nur eine kleine Menge Xylit verschluckt haben könnte, dann rufe sofort den Tierarzt an! Zeit ist entscheidend und Leberversagen häufig!

Diese Liste von für Katzen gefährlichen Lebensmitteln ist nicht vollständig. Du solltest immer bei einem vertrauenswürdigen Tierarzt nachfragen, bevor du dich entscheidest, deiner Maine-Coon-Begleiterin menschliche Nahrungsmittel zu füttern.

# KAPITEL 5
# Die Pflege deiner Maine Coon

## Erste Gesundheitsvorsorge

Wenn du deine Maine Coon zum ersten Mal nach Hause bringst, solltest du mit ihr recht bald einen Tierarzt für den ersten Gesundheitscheck besuchen. Dieser Besuch kann im Kaufvertrag mit dem Züchter, der in Kapitel 3 besprochen wurde, vorgeschrieben sein. Nimm unbedingt alle Unterlagen, die du vom Züchter erhalten hast, zu diesem ersten Termin mit, damit dein Tierarzt einen vollständigen Überblick über die bisherige Versorgung bekommt.

Auch wenn du vielleicht versucht bist, deinen liebevollen Vierbeiner einfach in deinen Armen zum Tierarzt zu tragen, ist die sicherste und effektivste Art, mit deiner Katze zu reisen, eine Transportbox. Lege eine kleine Decke mit dem vertrauten Geruch von zu Hause hinein und beruhige deine Katze während des Transports mit deiner Stimme. Die meisten Katzen werden bei Ausflügen außerhalb des Zuhauses nervös; ein Gesundheitscheck ist jedoch wichtig.

Bei diesem ersten Tierarztbesuch wird der Tierarzt deine Katze vollständig untersuchen. Dazu gehört die Kontrolle von Gewicht, Fellzustand, Ohren, Augen und Nase. Er wird auch den Bauch auf Knoten und andere Auffälligkeiten untersuchen sowie die Gelenke überprüfen. Möglicherweise wird auch eine Kotprobe genommen, um auf Parasiten zu testen. Wenn deine Katze Impfungen benötigt, wird der Tierarzt diese wahrscheinlich bei dieser Gelegenheit verabreichen.

# KÄTZCHEN NACH HAUSE BRINGEN

## JASMINA WALTZ
### Star-Studded Maine Coons

*„Wenn das Kätzchen zu Hause ankommt, bringe es an einen sicheren Ort. Das könnte ein großes Badezimmer oder ein freies Schlafzimmer sein. Der Raum sollte alle notwendigen Dinge haben, die das Kätzchen braucht – Futter, Wasser, Katzenstreu, Spielzeug und hoffentlich etwas, das einen vertrauten Geruch hat. Verbringe während dieser Zeit so viel Zeit wie möglich mit deinem Kätzchen."*

*„Stelle die Transportbox in den Raum und lass das Kätzchen herauskommen, wenn es sich wohl dabei fühlt. Manche Kätzchen kommen sofort heraus. Andere brauchen etwas länger. Ziehe oder zwinge das Kätzchen niemals aus der Transportbox heraus."*

*„Das Kätzchen sollte mindestens sieben bis 14 Tage an dem sicheren Ort bleiben (14 Tage, wenn andere Haustiere vorhanden sind). Hier kann sich die Katze an die Geräusche und Gerüche ihres neuen Zuhauses gewöhnen, ohne sich überwältigt zu fühlen."*

*„Wenn andere Katzen im Haushalt leben, solltest du Gerüche austauschen, bevor sie sich begegnen. Lass zum Beispiel etwas wie eine Decke, ein Handtuch usw. ein paar Tage lang im Bereich einer Katze liegen und bringe das dann in den Bereich der anderen Katze. Mache das ein paar Tage lang. Du kannst auch ein Handtuch an einer Katze reiben und dann das Handtuch nehmen und es an der anderen Katze reiben. Das wird den Tieren beibringen, dass der Geruch vertraut und keine Bedrohung ist. Dann tausche die Bereiche der Tiere für ein paar Stunden. Das wird auch dabei helfen, sie mit dem Geruch der anderen Katze vertraut zu machen. Mache das alles ein paar Tage lang, bevor sie sich zum ersten Mal sehen. Dann verwende eine Transportbox, um das neue Kätzchen in den Raum zu bringen und zu sehen, wie deine andere Katze reagiert. Verlangsame die Zusammenführung, wenn viel Feindseligkeit herrscht. Halte beide Tiere mit Spielen beschäftigt, wenn du das Kätzchen aus der Transportbox lässt. Das wird die Aufmerksamkeit deiner bereits vorhandenen Katze auf etwas anderes als das neue Kätzchen lenken."*

## Drinnen oder draußen?

Anders als andere Haustiere können Katzen nicht durch einen Zaun eingesperrt werden. Damit können sie nicht wie Hunde sicher im Garten gehalten werden. Tatsächlich deckt eine Hauskatze, die im Freien umherstreifen darf, laut Dr. John Bradshaw von der Tierärztlichen Hochschule der Universität Bristol, oft ein Territorium von etwa 40 bis 200 Metern vom Haus entfernt ab, manchmal sogar weiter.

Viele Katzenbesitzer sind unsicher, ob ihre Katze ausschließlich drinnen bleiben soll oder nach draußen darf. Während besonders in Amerika viele Katzenbesitzer dazu ermutigt werden, ihre Katzen ausschließlich in der Wohnung zu halten, ist dies eigentlich ein relativ neues Phänomen.

Foto: Mit Erlaubnis von
Patrick Barneoud

Bis in die 1950er Jahre, als Katzenstreu eingeführt wurde, mussten alle Katzen nach draußen gehen, um sich zu erleichtern. Genau wie Hunde. Unter Katzenliebhabern gibt es eine große Debatte darüber, welcher Lebensstil für eine Katze tatsächlich vorteilhaft ist. Im Folgenden werden wir einige Details dazu erläutern.

**Körperliches Wohlbefinden** – Generell sind Wohnungskatzen in der Regel weniger körperlichen Risiken ausgesetzt als ihre Artgenossen, die nach draußen dürfen. Dies liegt vor allem daran, dass sie innerhalb der Wände deines Zuhauses weder Taubtiere noch andere Umweltgefahren fürchten müssen. Freigänger hingegen haben nicht nur mit Raubtieren, Verkehr und extremen Wetterbedingungen zu kämpfen: Sie können auch von Diebstahl, Stürzen von Bäumen oder Infektionskrankheiten wie FIV, Leukose oder Feline Infektiöser Peritonitis betroffen sein.

Freigängerkatzen werden auch mit großer Wahrscheinlichkeit auf ihren Ausflügen kleine Tiere jagen. Das bedeutet, dass sie oft Wildtiere töten und als Trophäe nach Hause bringen. Obwohl dies ein völlig natürliches Verhalten ist, kann es für viele Besitzer abstoßend sein.

Obwohl nicht völlig risikofrei, haben Katzen, die ständig im Haus leben, weitaus weniger Risiken zu befürchten. Sie sind lediglich darauf angewiesen, dass du diese Risiken, wie zum Beispiel giftige Zimmerpflanzen, so weit wie möglich beseitigst.

Abgesehen von körperlichen Risiken solltest du auch das Fell deines Maine Coon bei der Entscheidung über die Art der Haltung berücksichtigen. Mit einem langen, seidigen Fell sammeln sich Schmutz und Ablagerungen im Fell an, wodurch es schwieriger wird, deine Katze sauber und gut gepflegt zu halten.

**Emotionales Wohlbefinden** – Auf der anderen Seite der Diskussion steht das emotionale Wohlbefinden deiner Katze. Während die körperlichen Faktoren wichtig sind, sind es die emotionalen ebenso. Aufgrund der eintönigen und kontrollierten Umgebung in deinem Zuhause wird deine Katze wahrscheinlich nicht in der Lage sein, ihren natürlichen Jagdinstinkten oder ihrem Erkundungsdrang nachzugehen. Dies kann zu Langeweile oder sogar Depressionen führen. Anzeichen dafür, dass deine Katze frustriert sein könnte, sind vermehrte und gestresste Lautäußerungen, schlechtes Benehmen, vermehrtes Kratzen, destruktives Verhalten und Reizbarkeit.

Wenn du das Gefühl hast, dass deine Wohnungskatze Anzeichen von Frustration oder Stress zeigt, versuche, Dinge einzuführen, die sie aktiv und geistig stimuliert halten. Biete ihr mehrere neue Spielzeuge an, darunter einige, die den Jagdinstinkt anregen. Das kann etwas so Einfaches sein wie eine Feder an einer Schnur.

Foto: Mit Erlaubnis von
Mike & Tami Brouillette

Kurz zusammengefasst: Eine Katze kann sich natürlich und artgerecht verhalten, wenn sie im Freien umherstreifen darf; dieser Lebensstil birgt jedoch größere Risiken und verkürzt oft die erwartete Lebensdauer der Katze. Sprich mit deinem Züchter und deinem Tierarzt und bewerte die einzigartige Situation deiner Katze, bevor du eine Entscheidung triffst.

## Emotionale Bedürfnisse der Maine Coon

*Sie werden ihre Zeit damit verbringen wollen, eine Bindung zu dir aufzubauen, nicht nur aus Angst, sondern um dich als ihr Eigentum zu markieren. Sie werden unglaublich liebevoll und anhänglich sein, aber bitte denke daran, wenn du andere Tiere hast, sie in den ersten 30 Tagen in einem Raum zu halten. Quarantäne ist sehr wichtig, nicht nur aus medizinischen Gründen, sondern auch aus psychologischen Gründen. Wir können unseren Kitten nicht erklären, warum sie uns verlassen, und wir wissen, dass es eine beängstigende Erfahrung sein kann, daher müssen Familien ihr Bestes tun, um sie sicher, komfortabel und willkommen zu fühlen.*

KOSMOS L KNOVAS
*KosmikCattery LLC*

Die Maine Coon hat hohe emotionale und soziale Bedürfnisse. Diese „Hunde der Katzenwelt" lieben es, ständig in der Nähe ihrer Menschen zu sein. Mit einer scheinbar extra Portion Neugierde ausgestattet, ist die Maine Coon immer neugierig darauf, was ihr Besitzer gerade tut, und folgt ihm häufig, um der Neugierde nachzugehen.

Wenn deine Maine Coon knetet und ihre Liebe zu dir lautstark äußert, sei versichert, dass dies Zeichen der Zuneigung sind. Auch wenn sie nicht immer eine „Schoßkatze" sein mag, genießt sie deine Gesellschaft und wird sich sicherlich zu ihren Bedingungen zum Kuscheln hinreißen lassen.

Eine Maine Coon, die regelmäßig für längere Zeit allein gelassen wird, kann einsam und depressiv werden, was zu destruktivem Verhalten führen kann. Wenn du die hohen Anforderungen an Gesellschaft und die emotionalen Bedürfnisse einer Maine Coon nicht erfüllen kannst, solltest du stattdessen eine andere Rasse in Betracht ziehen.

## Ein sicherer Rückzugsort

Egal, ob deine Katze das einzige Haustier im Haus ist oder ob sie sich den Raum mit einer anderen Katze oder Tierart teilt: Sie braucht Zugang zu einem sicheren Rückzugsort. Katzen sind natürliche Raubtiere, aber auch Beutetiere. In freier Wildbahn klettert eine Katze oft auf einen Baum, um einen besseren Überblick über ihre Umgebung zu bekommen und einen Ruheplatz zu haben, an dem sie außer Sicht- und Reichweite von Raubtieren ist. Dasselbe Prinzip gilt für die Katze in deinem Zuhause.

Egal wie wenige Raubtiere es in deinem Zuhause gibt, deine Maine Coon sollte immer einen Ort haben, an den sie sich in Stresssituationen oder wenn sie einfach in Ruhe gelassen werden will, zurückziehen kann. Dies kann oben auf einem Kratzbaum sein oder vielleicht wird es das oberste Regal deines Schlafzimmerschranks. In jedem Fall solltest du deine Katze in Ruhe lassen, wenn sie sich an einen dieser sicheren Orte zurückzieht, bis sie von sich aus bereit ist, wieder herauszukommen. Dies ist besonders wichtig, wenn du andere Tiere wie Hunde in deinem Zuhause hast.

## Wie man mit dem Kratzen umgeht

Kratzen kann der Fluch eines Katzenbesitzers sein, so sehr, dass manche Besitzer sich dafür entscheiden, ihren Katzen die Krallen zu entfernen. Dieses Vorgehen ist glücklicherweise in Deutschland verboten. Während deine Couch, dein Teppich und deine Vorhänge alle unter dieser Angewohnheit des Kratzens leiden mögen, ist das Kratzen tatsächlich ein völlig normales und instinktives Verhalten für Katzen.

Es gibt mehrere Gründe, warum deine Katze Dinge in deinem Zuhause zerkratzen könnte. Dazu gehören das Markieren von etwas mit ihrem Duft über die Duftdrüsen in ihren Pfoten, das Abfeilen ihrer Krallen, das Ausdrücken von Aufregung oder Stress oder sogar nur das Strecken ihrer Beine.

Unabhängig davon, warum sie es tut, kann und sollte das Verhalten nicht unterbunden werden. Keine Sorge, das bedeutet nicht, dass dein Sofa dem Untergang geweiht ist. Wir werden mehrere Lösungen skizzieren, die dir helfen, das Kratzen auf einen genehmigten Bereich umzuleiten, damit sowohl du als auch dein Maine Coon harmonisch zusammenleben können.

**Besorg einen Kratzbaum** – Anstatt zu versuchen, das Kratzen ganz zu unterbinden, solltest du deiner Katze einen sicheren und akzeptierten Ort zum Kratzen anbieten. Ein Kratzbaum ist die perfekte Lösung. Einige Kratzbäume stehen aufrecht, Kratzbretter liegen hingegen meist flach auf dem Boden. Je nach Vorliebe deiner Katze mag sie das eine mehr nutzen als das andere.

**Halte eine Sprühflasche bereit** – Falls du Schwierigkeiten hast, deine Katze davon abzuhalten an unerlaubten Orten zu kratzen, dann halte eine Sprühflasche mit Wasser bereit und gib ihr einen Spritzer ins Gesicht, wenn du sie auf frischer Tat ertappst. Sage feste „Nein!" und lenke sie dann auf ihr Kratzbrett oder den Kratzbaum um.

**Stelle Kratzmöbel an problematische Stellen** – Stelle deinen Kratzbaum oder das Kratzbrett in die Nähe eines Bereiches, an dem deine Katze gerne kratzt. Wenn sie gerne das Sofa zerkratzt, dann stelle den Kratzbaum in die Nähe des Sofas, um ihr eine bequeme Alternative zu bieten. Dies kann wirklich dabei helfen, diese schlechte Angewohnheit schneller zu brechen.

**Nutze Sprays** – Es gibt viele kommerzielle Sprays in Zoofachgeschäften, die dazu gedacht sind, Katzen vom Kratzen in bestimmten Bereichen abzuhalten. Denk nur daran, dass du das Spray vorher an einer unauffälligen Stelle testest, bevor du es auf deine Möbel und Teppiche verteilst.

## Ein Plädoyer für den Erhalt der Krallen

Viele Katzenbesitzer sind vom Kratzen so genervt, dass sie auf die chirurgische Entfernung der Krallen ihrer Katze zurückgreifen. Dieser Prozess wird im Englischen „declawing" genannt. Dies kann entweder an den Vorderkrallen oder an allen vier Krallen durchgeführt werden. Während dies wie eine einfache Lösung erscheinen mag, ist es aus mehreren Gründen tatsächlich schädlich für deine Katze, weswegen dieses Vorgehen in Deutschland auch verboten ist.

Krallen sind der einzige Verteidigungsmechanismus einer Katze sowie ein entscheidender Teil ihrer Anatomie, der ihr bei der Balance und Beweglichkeit hilft. Katzen benutzen ihre Krallen, um sich in einem Kampf zu schützen und auch, um vor Raubtieren zu fliehen. Ohne diese Verteidigung werden sie wahrscheinlich gestresst und ängstlich, da sie sich ihrer Verletzlichkeit bewusst sind. Selbst wenn deine Katze drinnen bleibt, kann ein versehentliches Entkommen gefährlich sein, wenn sie draußen schutzlos zurückgelassen wird.

Die Entfernung der Krallen macht eine Katze nicht nur schutzlos gegenüber Raubtieren, sondern kann für eine Katze auch unglaublich schmerzhaft und lebensverändernd sein. Wenn die Vorderkrallen einer Katze entfernt werden, kann sie sich anpassen, indem sie mehr Gewicht auf ihre Hinterbeine verlagert, was dazu führt, dass sie ständig das Gefühl hat, aus dem Gleichgewicht zu kommen. Das Entfernen der Krallen einer Katze ist mehr

Foto: Mit Erlaubnis von
Meghan Rockey

als nur das Zurückschneiden der Krallen; es ist ein chirurgischer Eingriff, bei dem die Zehen der Katze bis zum ersten Gelenk amputiert werden, und er ist irreversibel.

## Haarballen

Haarballen sind ein weiterer nicht so ruhmreicher Aspekt des Katzenbesitzes. Während sie eklig klingen und aussehen können, sind sie nicht gefährlich. Tatsächlich ist ein Haarball einfach eine Ansammlung von Haaren, die sich zu einem „Ball" im Verdauungssystem deiner Katze geformt hat. Dies geschieht, wenn deine Katze sich putzt. Ein Großteil der Haare landet in der Katzentoilette, aber was nicht durchkommt, wird zu einer Haarmasse, die auf einem anderen Weg herauskommen muss.

Oft wirst du wissen, wann deine Katze versucht, einen Haarball hochzubringen, weil sie anfängt zu würgen und zu husten. Diese Haarballen sind nicht wirklich kugelförmig, sondern wurstförmig und manchmal mit einer schleimigen Substanz überzogen. Während es für einen Besitzer beunruhigend klingen mag, wird eine Katze typischerweise einen Haarball hochhusten und dann ruhig weggehen, als wäre nichts passiert.

Gesunde Katzen sollten nicht jeden Tag oder jeden zweiten Tag einen Haarball hochhusten. Stattdessen sollte dies ungefähr einmal im Monat oder so geschehen. Wenn deine Katze mehr Haarballen als normal hat, solltest du vielleicht zum Tierarzt gehen, um sie auf Verdauungs- oder Hautprobleme untersuchen zu lassen.

## Die Sprache lernen

Maine Coons sollen eine eigene Sprache haben. Miauen, Zwitschern, Schnattern und Trillern – diese Lautäußerungen sind die Art der Maine Coons, Bedürfnisse und Emotionen mitzuteilen. Während du und deine Maine Coon sich kennenlernen, wirst du lernen, was jeder Laut bedeutet, und irgendwann fast seine Sprache sprechen!

# KAPITEL 6
# Training und Sozialisierung

*Maine Coons sind unglaublich soziale Wesen und kommen gut mit Menschen und anderen Haustieren zurecht. Sie genießen es, die Familie bei Veranstaltungen und Ausflügen zu begleiten. Achte immer auf die sozialen Signale deiner Katze und sorge für einen sicheren Rückzugsort, falls nötig.*

KOSMOS L KNOVAS
*KosmikCattery LLC*

## Die Bedeutung der Sozialisierung

Obwohl die Maine Coon von Natur aus wunderbar gesellig und freundlich ist, bleibt die frühe Sozialisierung sowohl für ein Kätzchen vom Züchter als auch für eine adoptierte erwachsene Katze wichtig. Wenn du ein Kätzchen nach Hause bringst, ist eine frühe und häufige Sozialisierung der Schlüssel zu einer ausgeglichenen und liebevollen Katze. Stelle dein Kätzchen der Familie vor, sobald du es nach Hause bringst, und überschütte es mit Zuneigung. Fasse dein Kätzchen vorsichtig, aber oft an, damit es sich von klein auf daran gewöhnt. Diese frühen Interaktionen ebnen den Weg für eine positive und vertrauensvolle Beziehung zwischen dir und deiner Maine Coon für viele Jahre.

Während die Sozialisierung eines Kätzchens relativ einfach ist, kann die Sozialisierung einer erwachsenen Maine Coon eine Herausforderung sein. Wenn deine Katze eine unbekannte Vergangenheit hat oder traumatische Erfahrungen gemacht hat, kommt die Sozialisierung möglicherweise nicht von selbst und erfordert Geduld und Zeit. Befolge unbedingt die detaillierten Schritte in Kapitel 4, um eine erwachsene Katze sicher und richtig an andere Tiere in deinem Haushalt zu gewöhnen. Da deine Maine Coon wahrscheinlich nur mit den Haustieren in deinem Zuhause interagieren wird, ist es nicht wichtig, deine Katze nach draußen zu nehmen, damit sie sich an den Umgang mit anderen Tieren gewöhnt.

*Versuche, dein Maine-Coon-Kätzchen bereits in jungem Alter mit verschiedenen Menschen und Situationen bekannt zu machen. Je mehr Menschen deine Maine Coon als Kätzchen kennenlernt, desto besser sozialisiert wird sie als erwachsene Katze sein. Maine Coons kommen in der Regel recht gut mit Hunden zurecht, auch mit sehr großen Hunden. Allerdings sollte man vermeiden, sie in Haushalte mit kleinen Hunden mit hohem Bellton oder Hunden mit starkem Jagdtrieb zu bringen.*

TERI MATZKIN
*SaraJen Maine Coon Cats*

Foto: Mit Erlaubnis von Linda Briggs

Foto: Mit Erlaubnis von Anita Greifenstein

Wenn du versuchst, eine erwachsene Maine Coon den menschlichen Familienmitgliedern vorzustellen, sollte die Begegnung ruhig und leise ablaufen, um die Katze nicht zusätzlich zu stressen. Denk daran, dass dein Zuhause für deine Maine Coon wie eine fremde Welt ist und sie wahrscheinlich Zeit brauchen wird, um sich an die neuen Eindrücke zu gewöhnen. Es ist normal und verständlich, wenn sie sich während der Eingewöhnung für eine Weile versteckt und zurückzieht. Zwinge deine Katze niemals, ihren sicheren Bereich zu verlassen!

Wenn deine Katze sich in ihrem neuen Zuhause wohler fühlt, wird sie vielleicht aus ihrem Versteck kommen, um die Umgebung zu erkunden. Versuche, sie dabei nicht zu stören, damit sie Vertrauen in ihre Umgebung gewinnen kann. Wenn deine Katze sich dir oder einem anderen Familienmitglied nähert, dann greife nicht nach ihr, sondern lass sie stattdessen an dir schnuppern und dich ebenfalls inspizieren. Biete ihr Berührungen nur an, wenn sie den ersten Schritt macht.

Obwohl die Sozialisierung einer erwachsenen Katze eine Herausforderung sein kann, sind Maine Coons typischerweise leichter zu sozialisieren als andere Hauskatzen und sollten sich gut an ein glückliches und liebevolles Zuhause anpassen.

*Ich denke, wenn du wirklich eine soziale Katze haben möchtest, solltest du dein Kätzchen mit nach draußen nehmen! Setze dein Kätzchen in eine Transportbox, besonders eine mit Rädern, oder in einen Tierkinderwagen. Gehe durch deine Nachbarschaft und lass das Kätzchen den Verkehrslärm hören und sich an alles Neue gewöhnen. Nimm das Kätzchen mit in den Baumarkt oder einen anderen Laden und mache dort dasselbe. Je mehr du ein junges Kätzchen verschiedenen Geräuschen und Menschen aussetzt, desto besser wird es später mit ungewohnten Dingen umgehen können.*

SHERRY DELONY CAMPBELL
*Mainesuspect Maine Coons*

## Katzen trainieren?

*Maine Coons sind sehr einzigartig und besonders, weil du sie ähnlich wie einen Hund trainieren kannst. Verwende verbale Signale und belohne sie (mit Futter oder Streicheleinheiten), wenn sie etwas tun, was du möchtest. Du kannst deiner Maine Coon beibringen, zu sitzen, Apportieren zu spielen und an der Leine zu gehen, neben vielen anderen lustigen Aktivitäten!*

LYNN BARNETT
*Crescent Moon Maine Coons*

Katzen haben oft den Ruf, distanziert, stur, unabhängig und schlichtweg nicht trainierbar zu sein. Nun, wenn du jemals eine Katze besessen hast, schmunzelst du jetzt wahrscheinlich, weil du weißt, dass es schwer ist, gegen dieses Vorurteil zu argumentieren. Dennoch sind Maine Coons, obwohl sie manchmal unabhängig und stur sein können, tatsächlich hochintelligent und leicht zu trainieren.

Im Gegensatz zu Hunden werden Katzen nicht durch Lob motiviert und reagieren während einer Trainingseinheit nicht schnell darauf. Tatsächlich sind Katzen von Natur aus nicht hochmotiviert, mit ihren Menschen zusammenzuarbeiten, wie es Hunde tun. Dies kann beim Training eine besondere Herausforderung darstellen und ist wahrscheinlich der Hauptgrund, warum Menschen denken, ihre Katzen könnten nicht trainiert werden.

## Positive Verstärkung und Clicker
## Trainingsgrundlagen

Katzen reagieren nicht auf Bestrafung oder negative Verstärkung. Belohne sie stattdessen mit einem geliebten Leckerli um sie zu ermutigen, eine bestimmte Aufgabe zu erfüllen. Bei der positiven Verstärkung einer Handlung gibt es zwei Arten von Verstärkern: primäre und sekundäre.

**Primäre Verstärker:** Primäre Verstärker zielen direkt auf die Grundbedürfnisse deiner Katze ab. Dazu gehören Dinge wie Futter und Wasser. Das bedeutet jedoch nicht, dass Gutter und Wasser zurückgehalten werden, bis Gehorsam erreicht wurde! Es bedeutet vielmehr, dass man zusätzliche Belohnungen wie Futter und Trainingssnacks als Techniken zur primären Verstärkung einsetzt. Speziell für das Training hergestellte Leckerlis sind klein und besonders belohnend.

**Sekundäre Verstärker:** Sekundäre Verstärker basieren nicht auf Grundbedürfnissen, sondern auf erlernten sozialen Konstrukten. Dazu gehören verbales Lob, Lächeln, Streicheln und andere Dinge, die deine Katze als Zeichen deiner Zufriedenheit erkennt. Sekundäre Verstärker motivieren eine Katze üblicherweise nicht so sehr wie primäre Verstärker und sind daher oft unwirksam.

Es gibt eine zweite Art von sekundärer Verstärkung: die sogenannte konditionierte Verstärkung. Dazu gehören neutrale Geräusche und Objekte wie ein Clicker. Wenn sie in Verbindung mit primären Verstärkern verwendet werden, werden diese Objekte durch Assoziation positiv. Konditionierte Verstärkung kann anfangs wirksam sein, kann aber an Wirksamkeit verlieren, wenn der primäre Verstärker weggenommen wird.

*Foto: Mit Erlaubnis von Annemarie van Beek*

*Wie bei den meisten Katzen ist bei dem Versuch, eine Maine Coon zu trainieren, Bestrafung nicht der richtige Weg. Wenn sie etwas tut, was du lieber nicht hättest, versuche, der Katze eine alternative Aktivität anzubieten, um ihre Aufmerksamkeit umzulenken. Stelle zum Beispiel attraktive, bequeme Kratzstellen wie einen stabilen Kratzbaum zur Verfügung, damit die Maine Coon ihre Krallen nicht an deinen Möbeln pflegen muss. Die Katze wird dies in den meisten Fällen recht leicht lernen und froh sein, nicht geschimpft zu werden, während sie auf ihrem Baum entspannt. Maine Coons sind intelligent und können oft trainiert werden, bestimmte Aktivitäten/ Fähigkeiten auszuführen, indem man Leckerlis einsetzt – achte nur darauf, dass es gesunde Leckerlis sind!*

TERI MATZKIN
*SaraJen Maine Coon Cats*

## Grundlegende Kommandos für deine Katze

Mit genügend Entschlossenheit und ausreichend Geduld deinerseits kann deine Katze lernen, verschiedene Tricks auszuführen, einschließlich auf Ruf zu kommen, zu sitzen und sogar High Fives zu geben. Wir führen dich Schritt für Schritt durch jedes Kommando, damit du und deine Maine Coon noch heute anfangen können.

**Komm** – Dieses Kommando ist einfach und sollte relativ leicht zu erlernen sein. Zeige deiner Katze einfach auf Entfernung ihr Lieblingsleckerli. Rufe sie dann bei ihrem Namen und sage „Komm". Wenn sie zu dir kommt, dann belohne sie mit dem Leckerli, verbalem Lob und, falls du einen Clicker verwendest, einem Klick. Wiederhole dies etwa 10 Minuten lang, bevor du deiner Katze eine Pause gönnst. Mit der Zeit wird sie verstehen, das Kommando mit der Handlung zu verbinden und wird auch ohne Leckerli gehorchen.

**Sitz** – Für dieses Kommando stellst du dich vor deine Katze, sodass sie zu dir gewandt ist. Halte ein Leckerli vor ihre Nase und hebe es langsam über ihren Kopf in Richtung Schwanz, damit sie nach oben schaut. So ist sie gezwungen, sich hinzusetzen. Gib ihr dabei das verbale Kommando „Sitz". Belohne sie mit einem Leckerli und Lobesphrasen, wie „Ja" oder „Gut", sobald sie sich hinsetzt. Wenn du mit einem Clicker trainierst, dann klicke entsprechend.

**High-Five** – Für dieses Kommando hältst du das Leckerli in der geschlossenen Faust. Halte deine Hand vor deine Katze. Wenn die Katze mit der Pfote nach deiner Hand tastet, um an das Leckerli zu kommen, dann gib verbal ein „High-Five" und belohne die Katze mit dem Leckerli.

Egal an welchem Kommando du arbeitest: Konzentriere dich je Trainingseinheit auf einen Trick und trainiere nicht länger als 10 bis 15 Minuten. Das wird deine Katze interessiert halten und das Training für dich viel einfacher machen. Das Training stimuliert nicht nur deine Katze geistig, es kann auch die Bindung und liebevolle Beziehung zwischen dir und deiner Maine Coon stärken.

# KAPITEL 7

# Alles über die Katzentoilette

Die Katzentoilette ist das Thema, über das kein Katzenbesitzer gerne spricht, mit dem sich aber jeder auseinandersetzen muss. Hier zeigen wir dir alles, was du über Katzentoiletten wissen musst. So bist du auch als Katzenneuling bestens vorbereitet, bevor deine Maine Coon bei dir einzieht. Schließlich müssen wir alle mal irgendwo hin!

## Verschiedene Arten von Katzentoiletten

*Finde heraus, welche Art von Katzentoilette und welches Streu der Züchter verwendet hat, und weiche anfangs nicht zu sehr davon ab. Wenn du unbedingt etwas ändern möchtest, besorge eine zweite Toilette, und sobald diese regelmäßig genutzt wird, kannst du die erste entfernen.*

SHERRY DELONY CAMPBELL
*Mainesuspect Maine Coons*

Bei der Auswahl einer Katzentoilette für deine Maine Coon kommt es auf die Größe an. Aufgrund der Größe dieser Rasse benötigen sie entsprechend einige der größten Katzentoiletten überhaupt. Aber abgesehen von der Größe: Wie findest du heraus, welche Katzentoilette die beste ist, wenn es so viele verschiedene Arten gibt?

**Offene Katzentoilette** – Diese einfachen Katzentoiletten sind genau das: schlichte offene Wannen, die mit Streu gefüllt sind. Diese Toiletten bilden das grundlegendste Modell und können notfalls sogar im lokalen Ein-Euro-Laden gefunden werden. Sie sind nichts Besonderes, erfüllen aber

ihren Zweck.

Einige Streuschalen haben anbringbare Ränder, um die Seitenwände zu erhöhen und zu verhindern, dass Streu herausfliegt. Ob diese einen Unterschied machen, hängt davon ab, wie deine Katze mit der Streu umgeht.

**Toilette mit Deckel** – Bei diesem Modell hat die Streuschale noch einen Deckel oder eine Haube, die an einer Seite eine Tür oder eine Öffnung für die Katze hat. Diese Toiletten bieten deiner Katze etwas mehr Privatsphäre. Die Seitenwände verhindern teilweise, dass Streu beim Graben herausgeschaufelt wird.

Ein Nachteil einer überdachten Katzentoilette ist der zusätzliche Aufwand bei der Reinigung. Du musst entweder mit einer Schaufel durch die Öffnung greifen oder den Deckel vollständig abnehmen.

**Katzentoilette mit Einstieg von oben** – Diese Toiletten nehmen in etwa den gleichen Platz ein wie Toiletten mit Deckel, allerdings befindet sich der Einstieg oben und nicht an der Seite. Dadurch wird die Menge an Streu, die außerhalb der Toiletten landen kann, erheblich reduziert, denn durch die fehlende Öffnung an der Seite gelangt so gut wie gar kein Streu mehr nach außen.

Toiletten mit Einstieg von oben sind auch hervorragend, um manche Hunde davon abzuhalten, im Streu zu graben, da der Eingang für sie schwer zu erreichen ist.

**Selbstreinigende Katzentoiletten** – Solche magischen Toiletten wurden entwickelt, um dir wortwörtlich die Drecksarbeit abzunehmen. Motorisierte Rechen durchkämmen regelmäßig die Toilette und alles wird in einem separaten Behälter aufgefangen. Du musst nur noch diesen Behälter regelmäßig leeren und die Katzentoilette bleibt sauber. Diese beginnen preislich bei etwa 150 Euro und gehen je nach Marke und Funktion steil nach oben.

**Robotisierte Katzentoiletten** – Diese Arten von Toiletten gehen noch einen Schritt weiter. Diese wie futuristische Raumkapseln aussehenden Katzentoiletten erkennen, wenn deine Katze die Toilette verlässt. Daraufhin dreht sich das Innere der Toilette und trennt das saubere Streu durch ein Sieb ab, wobei die Klumpen ganz automatisch in einen versiegelten Abfallbehälter fallen.

Während diese Toilette ein Traum für Katzenbesitzer ist, kostet sie dich einiges. Mit einem Preis von fast 600 Euro ist diese Toilette ein Luxus.

**Katzentoiletten als Möbelstück** – Wenn du dir nicht sicher bist, wo du deine Katzentoilette aufstellen sollst oder du keinen unauffälligen Platz findest, dann kannst du eine Katzentoilette kaufen, die wie ein Möbelstück aussieht. Dies ist die perfekte Möglichkeit, um die Katzentoilette zu verstecken. Diese Toiletten sind oft als Beistelltisch gestaltet und haben im Inneren Platz für eine Schale oder sogar eine Toilette mit Deckel. Dies ist eine großartige Option, wenn du den Anblick einer klassischen Katzentoilette nicht in deinem Zuhause haben willst.

## Das Katzenstreu

Sobald du deine Katzentoilette ausgewählt hast, ist es Zeit, sie zu befüllen. Aber ähnlich wie bei den Toiletten selbst kann ein Gang durch das Angebot an Katzenstreu im Zoofachgeschäft dich verwirrt und unsicher zurücklassen. Beachte, dass deine Maine Coon durchaus entscheiden kann, dass sie das von dir gewählte Streu nicht mag und du gezwungen sein könntest, ein anderes auszuprobieren. Dieses Rumprobieren ist ganz normal und einfach Teil der Lernkurve, wenn man eine neue Katze nach Hause bringt.

**Klassisches Katzenstreu** – Klassischerweise gibt es zwei Varianten: klumpendes und nicht klumpendes Katzenstreu. Wie der Name schon sagt, bildet das klumpende Katzenstreu Klumpen um den Urin der Katze, was es leichter macht, diesen aus der Toilette zu entfernen, ohne das gesamte Streu auszutauschen. Für eine einfache Reinigung ist das klumpende Streu der beste Weg.

**Parfümiertes Streu** – Manches Streu gibt es in parfümierten Varianten. Dies ist ein Versuch, um den Geruch zu überdecken. Manche Katzen tolerieren den Geruch von parfümiertem Streu, andere hingegen gar nicht.

Während Ton der am häufigsten verwendete Bestandteil in Katzenstreu ist, ist es nicht die einzige Option. Viele Unternehmen haben Streu speziell entwickelt, um Probleme hinsichtlich Umweltfreundlichkeit, übermäßigem Staub, Verschleppung und andere häufige Streubeschwerden anzugehen.

Wenn du nach einer umweltfreundlicheren und biologisch abbaubaren Streuoption suchst, probiere Mais, Holzpellets, Kokosnussschalen, Weizen, Walnussschalen, recyceltes Zeitungspapier und sogar Silikat-Kristalle aus. Während diese großartig für die Umwelt sind, sind sie in der Regel teurer und klumpen nicht wie traditionelles, klumpendes Tonstreu. Dies kann die Reinigung der Katzentoilette etwas anspruchsvoller machen.

Sobald du eine Streuart gewählt hast, stelle deine Toilette an ihren endgültigen Platz und fülle sie mit zwei bis drei Zentimetern Streu. Deine Maine Coon wird es lieben, in der Streu zu graben und zu kratzen, also spare nicht daran. Wenn deine Katze die Toilette benutzt, muss sie täglich gesäubert werden, um sie sauber und frisch zu halten.

## Stubenreinheit

*Wenn du deine Maine Coon von einem Züchter bekommst, wird sie hoffentlich bereits an die Katzentoilette gewöhnt sein; manchmal ist das jedoch nicht der Fall. Wenn deine Katze nicht stubenrein ist, versuche, sie in einem kleineren Raum mit einer Katzentoilette, Futter/Wasser, Spielzeug usw. zu halten. Setze deine Katze in die Katzentoilette und grabe ihre Pfoten in die Streu. Wenn sie außerhalb der Katzentoilette ihr Geschäft verrichtet, nimm etwas davon auf und lege es in die Katzentoilette. Es gibt auch Produkte, die du in eine Katzentoilette geben kannst, die helfen, die Katze zu diesem Ort zu locken. Zeit, Konsequenz und Geduld sind entscheidend. Die meisten Katzen lernen es ziemlich schnell. Es ist auch am besten, wenn du anfangs das gleiche Streu wie der Züchter oder das Tierheim verwendest, bis die Katze gelernt hat, wo die Katzentoilette ist.*

JENNIFER JINKINS
*Kaiju Maine Coon Cattery*

Glücklicherweise lernen die meisten Kätzchen von ihrer Mutter, wie man die Katzentoilette benutzt, noch bevor sie den Wurf verlassen. Selbst wenn nicht, besitzen Katzen einen starken instinktiven Drang, ihre Ausscheidungen zu verdecken, und die Katzentoilette ist der perfekte Ort, um genau das zu tun. Wenn deine Katze nicht automatisch die Katzentoilette benutzt, gibt es ein paar Dinge, die du tun kannst, um ihr beim Lernen zu helfen.

**Einführung der Toilette** – Sobald du deine Katze nach Hause gebracht hast, zeigst du ihr die Katzentoilette. Verschiebe die Toilette nicht, damit die Katze immer weiß, wo sie ist. Falls du sie doch umsetzen musst, dann zeige deiner Katze so schnell wie möglich den neuen Standort.

**Katze zum Toilettengang motivieren** – Setze deine Katze oder dein Kätzchen nach jeder Mahlzeit oder nachdem sie viel getrunken hat in die Katzentoilette. Vielleicht muss sie nicht, aber wenn doch, dann belohne sie mit einem Leckerli und verbaler Anerkennung.

Achte darauf, deine Katze nicht für Unfälle zu schimpfen, die während des Lernens passieren. Dies wird das Verrichten ihrer Notdurft nur stressiger machen und für weitere Verwirrung sorgen. Führe einfach die oben genannten Schritte fort und habe Geduld.

## Häufige Probleme

*Bestrafe dein Kätzchen nicht und reibe seine Nase nicht in das Malheur, wenn es außerhalb der Katzentoilette sein Geschäft verrichtet. Versuche einzugreifen, wenn du siehst, dass das Kätzchen dies tut, und setze es in die Katzentoilette. Lobe dein Kätzchen immer und gib ihm positive Aufmerksamkeit, wenn es erfolgreich die Katzentoilette benutzt. Du kannst dem Kätzchen auch ein Leckerli geben. Frage deinen Züchter oder das Tierheim, welches Katzenstreu es derzeit verwendet. Wechsle nicht die Marke oder Art der Streu, bis sich das Kätzchen in deinem Zuhause wohlfühlt. Manche Katzen mögen keine überdachten Katzentoiletten und werden sie nicht benutzen. Klumpendes Streu kann für Kätzchen unter vier Monaten gefährlich sein. Kätzchen sind neugierig und könnten das Streu probieren oder von ihrem Fell lecken, wenn sie sich putzen. Wenn sie zu viel davon verschlucken, kann es zu einem Darmverschluss kommen, der eine Notoperation erfordert.*

CORIE UND MATTHEW HELMS
*Rocketmans Maine Coons*

Oft gibt es einen Grund, wenn deine Katze die Katzentoilette nicht richtig benutzt. Katzen sind besonders wählerisch, was den Ort betrifft, an dem sie ihr Geschäft verrichten. Wenn also etwas nicht stimmt, könnten sie sich weigern, die Toilette überhaupt zu benutzen.

**Zu schmutzig** – Ein häufiger Grund, warum Katzen außerhalb der Toilette gehen, ist, dass sie ihnen zu schmutzig ist. Wenn zu viel Zeit zwischen den Reinigungen vergeht, dann könnte deine süße Maine Coon die Toilette boykottieren, bis diese wieder gereinigt wird.

**Zu wenig Streu** – Manchmal wird deine Katze sich weigern, die Toilette zu nutzen, weil zu wenig Streu drin ist. Behalte die Toilette im Auge und stelle sicher, dass genug Streu vorhanden ist und dass sie sauber bleibt, um solche Probleme zu vermeiden.

**Falsches Streu** – Wenn deine Katze plötzlich die Katzentoilette nicht mehr benutzt, dann kann es daran liegen, dass sie das Streu einfach nicht mag. Versuche, auf eine andere Art Streu zu wechseln. Nutze unparfümiertes statt parfümiertem Streu. Du wirst eine Sorte finden, die sie akzeptiert.

**Falscher Standort** – Jede Katze ist anders. Während es einige bevorzugen, ihre Umgebung beim Verrichten ihres Geschäfts sehen zu können, wollen andere lieber ihre Privatsphäre und bevorzugen einen unauffälligen Ort. Wenn deine Katze Schwierigkeiten hat, die Toilette in einem stark frequentierten Bereich zu benutzen, dann versuche es an einem privateren Ort.

**Zu klein** – Wie bereits besprochen sind Maine Coons große Katzen und diese brauchen entsprechend viel Platz in einer Katzentoilette. Wenn deine Katze in der Toilette beengt wirkt, dann würde sie es wahrscheinlich zu schätzen wissen, wenn du ihr eine größere besorgst.

## Toxoplasmose

Toxoplasmose ist ein Parasit, der sowohl Katzen als auch andere Tiere infizieren kann. Katzen können diese Parasiten bekommen, wenn sie draußen sind und Wildtiere wie Vögel fangen und töten. Während viele Katzen mit Toxoplasmose infiziert sind, verursacht sie normalerweise keine ernsthafte Krankheit bei Katzen oder Menschen.

Katzen scheiden Toxoplasmose über ihren Kot aus, was bedeutet, dass es möglich ist, den Parasiten durch unsachgemäße Handhabung der Katzentoilette zu bekommen. Wenn ein Mensch an Toxoplasmose erkrankt, wird er es wahrscheinlich nicht einmal bemerken, aber es ist möglich, dass jemand bis zu zwei Wochen lang grippeähnliche Symptome erlebt.

Das eigentliche Risiko der Toxoplasmose besteht für schwangere Frauen.

Schwangere, die mit Toxoplasmose infizierter Katzenstreu ausgesetzt sind, haben ein höheres Risiko für Fehlgeburten sowie Geburtsfehler, Hirnschäden und Blindheit beim Fötus. Aus diesem Grund sollten schwangere Frauen niemals Katzenstreu anfassen. Wenn du schwanger bist und die Katzentoilette handhaben musst, trage Handschuhe und wasche deine Hände danach gründlich.

# KAPITEL 8
# Die Fellpflege deiner Maine Coon

### Bürsten

*Gewöhne deine Maine Coon daran, gebürstet und gekämmt zu werden. Ich empfehle, das Bürsten und Kämmen abends zu erledigen, während du auf dem Sofa sitzt und fernsiehst. Sei dabei sehr sanft, mehr als würdest du die Katze streicheln, statt sie zu pflegen. Lass die Katze denken, dass es sich um Zuneigung handelt, nicht um eine lästige Aufgabe. Dies ist auch der richtige Zeitpunkt, um die Krallen zu schneiden. Ich empfehle, die Krallen einmal pro Woche zu kürzen. Wenn du konsequent bei der Fellpflege und dem Krallenschneiden bleibst, wird sich deine Katze daran gewöhnen und es sogar erwarten.*

SHERRY DELONY CAMPBELL
*Mainesuspect Maine Coons*

Das lange, wunderschöne Fell ist das Markenzeichen dieser Rasse. Das prachtvolle Fell bringt jedoch auch Verantwortung mit sich. Um das Fell deiner Katze sauber und mattenfrei zu halten, muss sie mindestens zweimal pro Woche gebürstet werden und möglicherweise öfter, sollte sie zu Verfilzungen neigen.

Die Verwendung einer Enthaarungsbürste hilft dabei, lose Haare aus dem Fell deiner Katze zu entfernen, die sich sonst verfangen und Verfilzungen verursachen könnten. Achte darauf, auch die Unterseite zu bürsten, da dort Verfilzungen am häufigsten auftreten. Regelmäßiges Bürsten hält nicht

66

nur das Fell deiner Maine Coon sauber und in Topform, sondern reduziert auch die Menge an Haaren, mit denen du in deinem Zuhause zu kämpfen hast.

## Baden

Wie oft du deine Maine Coon baden solltest, hängt davon ab, ob sie ausschließlich eine Wohnungskatze ist oder ob sie auch Zeit draußen verbringt. Wenn deine Katze nur drinnen lebt, benötigt sie selten ein Bad. Katzen reinigen sich selbst bemerkenswert gründlich und effizient.

Wenn deine Katze für längere Zeit nach draußen geht, übergewichtig ist und bestimmte Stellen nicht erreichen kann oder älter ist, wirst du möglicherweise feststellen, dass sie etwas häufiger Hilfe beim Baden benötigt. Gegen Gerüche von draußen, Schmutz und andere Verunreinigungen, in die deine Katze geraten könnte, kann ein Bad helfen, um ihr wunderschönes, langes Fell sauber und gesund zu halten.

Beim Baden deiner Maine Coon benötigst du eine Bürste, eine Wanne, Shampoo und eine Handbrause oder einen großen Becher. Achte darauf, nur spezielles Shampoo für Katzen zu verwenden und niemals Shampoo für Menschen, da dieses viel zu aggressiv für die empfindliche Haut deiner Katze ist. Suche nach einem Shampoo, das frei von Duftstoffen, Parabenen und

Sulfaten ist.

Beginne damit, das Fell deiner Katze mit einer weichen Bürste zu bürsten. Dies kann helfen, größere Verschmutzungen und lose Haare vorab zu entfernen. Fülle anschließend eine Wanne mit einigen Zentimetern lauwarmem Wasser und setze deine Katze vorsichtig hinein. Wenn deine Katze kein Fan von Wasser oder Baden ist, solltest du Gummihandschuhe tragen, um deine Hände und Arme vor Kratzern zu schützen.

Sobald deine Katze im Wasser ist, befeuchte ihr Fell mit einer Handbrause oder einem großen Becher, aber vermeide dabei ihre Augen und Ohren. Aufgrund ihres dichten Fells kann es einige Minuten dauern, bis das Fell vollständig durchnässt ist. Schäume das Shampoo in deinen Händen auf und massiere es sanft in das Fell deiner Katze ein, wobei du Gesicht und Ohren aussparen solltest, und spüle es dann gründlich aus. Befolge unbedingt die Anweisungen auf der Flasche deines gewählten Shampoos.

Es gibt auch mehrere spülfreie Shampoo-Optionen für Katzen, die eine gute Lösung für eine Maine Coon sein können, wenn sie eine Auffrischung, aber kein vollständiges Bad benötigt. Diese können direkt nach dem Bürsten aufgetragen werden, um deiner Katze einen schönen, sauberen, frischen Duft zu verleihen, ganz ohne den Stress eines Bades.

*Maine Coons werfen alle vier Monate saisonal ihr Fell ab. Regelmäßiges Bürsten hält die Haare unter Kontrolle, macht Spaß und verringert die Haarmenge, die Katzen schlucken müssen. Wenn du deine Katze nicht alle vier bis sechs Monate baden kannst, suche einen Tierarzt mit Pflegeeinrichtungen auf. Wenn Katzen früh damit beginnen, hilft ihnen das, das Baden zu akzeptieren. Die Nutzung einer Tierarztpraxis ist im Notfall am sichersten für dein Haustier.*

MICKEY COLE
*Maine Delite Cattery*

## Maine Coons richtig trocknen

Bei einem so langen und dichten Fell wie dem der Maine Coon ist es wichtig, das Fell deiner Katze nach dem Baden zu trocknen. Beginne damit, mit deinen Händen überschüssiges Wasser aus ihrem Fell zu reiben. Mache dies, bis du kein weiteres Wasser mehr herausbekommst. Wickle deine

Foto: Mit Erlaubnis von
Michelle and Donald Sharp

Maine Coon anschließend in ein warmes Handtuch und tupfe sie vorsichtig trocken. Du solltest mehrere warme Handtücher bereithalten, damit du die nassen Handtücher durch trockene ersetzen kannst. Das Vorwärmen der Handtücher in einem Handtuchwärmer oder Trockner hält deine Katze warm, während das Fell trocknet.

Wenn deine Katze es toleriert, kannst du ihr Fell mit einem Föhn trocknen. Beachte jedoch, dass viele Katzen den Föhn nicht mögen. Wenn du dich für einen Föhn entscheidest, stelle ihn auf die Kaltluftstufe, damit du deine Katze nicht verbrennst. Wenn deine Katze kein Fan des Föns ist, dann bleibe beim Abtrocknen mit dem Handtuch, um sie nicht zusätzlich zu stressen.

Viele Katzen werden das Baden nicht genießen, egal wie sehr sie Wasser lieben. Beginne früh und langsam, um deine Maine Coon an den Prozess zu gewöhnen, und belohne sie häufig mit Leckerlis. Dies kann ihr helfen, sich wohlzufühlen und schafft eine positive Assoziation mit dem Baden.

## Trimmen oder Scheren

*Bürste von Tag eins an, um Katzen an die Fellpflege zu gewöhnen. Sie werden die Aufmerksamkeit genießen und nicht versuchen, dir zu entkommen, wenn sie älter sind. Trimme den Bereich der Hosen, da manche Katzen gerne in ihrer Katzentoilette sitzen, wenn sie urinieren. Ihre Lätzchen werden nass. Bürste Katzen mehrmals pro Woche, um Verfilzungen zu vermeiden.*

KELLY SPARKMAN
*Mountain Fork European Maine Coons*

Manchmal entscheiden sich Maine-Coon-Besitzer dafür, das Fell ihrer Katze in einigen Bereichen zu trimmen oder zu scheren. Das Fell einer Katze zu trimmen geschieht meistens aus hygienischen Gründen. Wenn sie dazu neigt, Kot an ihrem Hinterteil hängen zu haben, dann möchtest du diesen Bereich vielleicht kürzer halten. Auch wenn deine Katze dazu neigt, an bestimmten Stellen wie unter dem Bauch oder in den Achselhöhlen Verfilzungen zu bekommen, kannst du ihr Fell in diesen Bereichen ebenfalls etwas kürzen.

In extremen Fällen entscheiden sich einige für einen Löwenschnitt für ihre Katze. Dieser Schnitt sieht äußerst dramatisch aus und rasiert praktisch

Foto: Mit Erlaubnis von
Liz Holmes
Monster Maine Coons

die gesamte Katze mit Ausnahme von Kopf, Hals, einem Teil der Beine und einem Büschel am Ende des Schwanzes.

Dieser Schnitt ist äußerst umstritten, da manche glauben, er könne psychische und sogar körperliche Schäden bei deiner Katze verursachen. Das Scheren deiner Maine Coon setzt sie den Elementen aus. Das Fell einer Katze hält sie nicht nur im Winter warm; es hilft auch, ihre Temperatur im Sommer zu regulieren und schützt ihre Haut vor der Sonne, Insekten und sogar Raubtieren. Ohne ihr schönes Fell wird sich deine Maine Coon verletzlich fühlen. Ein Löwenschnitt braucht etwa vier bis sechs Monate, um nachzuwachsen, was diese Art von Schnitt zu einer langfristigen Entscheidung für dich und deinen flauschigen Freund macht.

Das Trimmen des Fells deiner Katze sollte nur aus Notwendigkeit und nicht aus ästhetischen Gründen erfolgen, da es für deine Katze traumatisch sein kann. Wenn du beim Bürsten eine Verfilzung im Fell deiner Katze findest, kann ein schneller Schnitt das Problem leicht beheben. Wenn deine Maine Coon jedoch an mehreren Stellen verfilzt ist, ist es ratsam, professionelle Hilfe zu suchen. Während einige Maine Coons die Fellpflege gut tolerieren, werden andere dies nicht tun. Versuche nicht, das Fell deiner Katze selbst zu trimmen, wenn du kein erfahrener Tierfriseur bist. Du könntest nicht nur deiner wunderschönen Maine Coon einen schlechten Haarschnitt verpassen, sondern auch versehentlich dich selbst oder sie verletzen.

## Ohren- und Augenpflege

Maine Coons müssen ihre Ohren nicht oft gereinigt bekommen, aber eine regelmäßige Reinigung kann sie frei von Ausfluss und Schmutz halten. Um die Ohren deiner Katze zu reinigen, gib einfach ein paar Tropfen Ohrreinigungslösung in jedes Ohr und massiere sanft an der Basis. Mit einem sauberen Wattebausch wischst du die Ohren sauber.

Die Augen deiner Maine Coon sollten im Allgemeinen klar sein. Ein wenig Schleim oder Ausfluss ist normal und kann leicht mit einem Augenreinigungstuch entfernt werden. Diese Tücher sind in jedem Zoofachgeschäft erhältlich und eignen sich gut für eine schnelle und einfache Reinigung. Wenn deine Katze unter anhaltendem Augenausfluss leidet, suche einen Tierarzt auf, da dies ein Anzeichen für eine Infektion sein kann.

## Einen Tierfriseur finden

Das atemberaubende Fell einer Maine Coon sollte nicht in die Hände eines beliebigen Tierfriseurs gelegt werden. Recherchiere gründlich und finde einen seriösen Tierfriseur, der Erfahrung mit Maine Coons hat. Wenn du dir nicht sicher bist, wohin du deine Katze bringen sollst, bitte um eine Emp-

Foto: Mit Erlaubnis von
Diane Ingvarsson

fehlung deines Tierarztes. Überprüfe Online-Plattformen wie Google oder Bewertungsportale, um Bewertungen zu lesen, bevor du dich entscheidest.

Beachte, dass einige Tierfriseure Beruhigungsmittel bei Katzen verwenden. Bei sachgemäßer Anwendung können diese Beruhigungsmittel sicher sein. Die Einnahme ist jedoch immer mit Risiken verbunden. Es ist daher wichtig, die Richtlinien eines Tierfriseurs im Voraus zu kennen.

## Krallenpflege

Deine Maine Coon kann ihre eigenen Krallen ziemlich effizient pflegen. Tatsächlich ist es genau das, was sie tut, wenn sie an deinem Teppich oder deiner Couch kratzt. Dieses Kratzen hilft, die toten Schichten der alten Krallen abzuwerfen, damit die neuen, schärferen Krallen freigelegt werden können.

Obwohl es nicht immer notwendig ist, die Krallen deiner Katze zu trimmen, glauben einige, dass es je nach individueller Situation von Vorteil sein kann. Wenn deine Katze ausschließlich drinnen lebt, kann es für sie schwieriger sein, ihre Krallen auf natürliche Weise abzufeilen. Dies wird normalerweise durch das Kratzen an rauen Oberflächen im Freien, wie Bäumen, erreicht. Während dein feliner Mitbewohner in der Wohnung nicht auf die gleichen natürlichen Nagelfeilen zugreifen kann, kann ein hochwertiger Kratzbaum oder ein Kratzpad im Inneren denselben Zweck erfüllen und ihn davon abhalten, seine Nägel an den Möbeln zu feilen.

## Kratzbaum 101

Da Kratzen ein wesentlicher und natürlicher Teil der Katzenhaltung ist, ist es wichtig, deiner Maine Coon einen sicheren Ort zum Kratzen zu bieten. Vorzugsweise natürlich einen Ort, der nicht dein liebstes Möbelstück und die frisch tapezierte Wand ist. Es gibt verschiedene Produkte auf dem Markt zum Kratzen, aber es gibt nicht die einzige richtige Wahl. Jede Katze hat ihre eigenen Vorlieben sowohl für die Ausrichtung als auch für das Material.

## Kratzbaum vs. Kratzbrett

Ein Kratzbaum steht aufrecht und ermöglicht deiner Katze, nach oben zu greifen und zu kratzen. Ein Kratzbrett hingegen ist viel niedriger und liegt auf dem Boden oder steht in einem niedrigen Winkel. Diese Bretter ermöglichen es deiner Katze, nach vorne zu greifen und mit ihren Krallen zurückzuziehen.

Du weißt vielleicht nicht, was deine Maine Coon bevorzugen wird, aber sie wird dir wahrscheinlich Hinweise geben, die dir bei der Entscheidung helfen.

Wenn deine Maine Coon dazu neigt, am Teppich oder an Läufern zu kratzen, bevorzugt sie möglicherweise eher ein Kratzbrett als einen aufrechten Kratzbaum. Wenn sie nach oben greift, um an Möbeln oder Wänden zu kratzen, wird sie wahrscheinlich lieber einen Kratzbaum benutzen. Probiere beides aus, wenn du dir nicht sicher bist, und lass sie entscheiden.

## Kratzmaterial

Sobald du dich für ein Brett oder einen Baum entschieden hast, musst du ein Material auswählen. Kratzmöbel gibt es in verschiedenen Materialien, darunter Pappe, Seil und Teppich. Auch hier kann es etwas Ausprobieren erfordern, um zu wissen, welche Textur dein flauschiger Freund am besten mag.

Unabhängig davon, welches Material du wählst, sollte dein Kratzbaum oder -brett lang oder hoch genug sein, um deine Katze vollständig ausgestreckt aufzunehmen. Für eine Katze von der Größe einer Maine Coon bedeutet dies, dass du eine große Kratzfläche benötigst.

## Krallen trimmen

Wenn deine Wohnungskatze an Dingen in deinem Zuhause kratzt, selbst wenn ausreichend Kratzbereiche vorhanden sind, solltest du in Betracht ziehen, ihre Krallen zu trimmen, um deine Sachen zu schützen. Das Trimmen der Nägel ist für deine Katze nicht natürlich, also nimm dir Zeit, wenn sie noch sehr jung ist, um sanft ihre Pfoten zu berühren, damit sie sich daran gewöhnt. Du solltest auch die Nagelschere in Sichtweite aufbewahren, damit sie nicht von dem Werkzeug erschreckt wird.

Es gibt zwei Haupttypen von Nagelscheren für Katzen. Dies sind die scherenartigen Trimmer und die Guillotine-Trimmer. Beide Typen funktionieren, und was du verwendest, basiert einfach auf deiner Vorliebe.

Wähle einen Zeitpunkt, zu dem deine Maine Coon entspannt und schläfrig ist, um einen Nagelschnitt zu versuchen. Lege sie in deinen Schoß und streichle ihr Fell, um sie ruhig und entspannt zu halten. Halte sanft ihre Pfote und drücke mit deinem Daumen oben und mit deinem Zeigefinger auf ihrem Pfotenballen. Diese sanfte Druckbewegung auf jedem Ballen sollte die Krallen ausstrecken, damit du sie trimmen kannst.

Wenn deine Katze misstrauisch ist, wenn du ihre Pfoten berührst, belohne sie mit Leckerlis und Lob dafür, dass sie dir erlaubt, sie zu berühren. Versuche nicht, ihre Nägel zu trimmen, wenn sie ängstlich oder gestresst erscheint. Übe stattdessen, ihre Krallen mit deinen Fingern auszufahren, lobe sie und belohne sie mit Leckerlis, um eine positive Assoziation herzustellen.

Sobald deine Maine Coon völlig entspannt ist, befolge die Anweisungen für deine Nagelschere und schneide die Nägel deiner Katze. Schau dir die Krallen deiner Katze vor dem Schneiden genau an und beachte, wo sich die Blutgefäße befinden. Dies ist der rosa Teil ihrer Kralle, wo die Blutversorgung ist. Schneide niemals in der Nähe der Blutgefäße, da dies sehr schmerzhaft ist und Blutungen verursacht. Trimme stattdessen nur den dünnen, schmalen Teil der Kralle deiner Katze, der sich nach unten krümmt. Es ist besser, weniger zu trimmen, als versehentlich in die Blutgefäße zu schneiden. Halte blutstillendes Pulver parat, falls du doch in die Blutgefäße schneidest, um die Blutung schnell zu stoppen.

Trimme nur so viele Nägel, wie deine Katze zulässt. Es ist in Ordnung, wenn du bei jedem Sitzen nur ein paar trimmst. Warte, bis deine Katze ruhig ist, und komm zurück, um den Rest zu erledigen, wenn sie sich damit wohlfühlt.

# KAPITEL 9
# Die Ernährung deiner Maine Coon

*Idealerweise sollten Maine Coons große und schwere Katzen sein, wobei das Gewicht von gut ausgebildeter Muskulatur und nicht von Fett stammen sollte. Um deinen Maine Coon fit zu halten, biete häufig Gelegenheiten zum Spielen und Jagen, vorzugsweise auf horizontaler Ebene und nicht mit hohen Sprüngen in die Luft. Füttere eine Nahrung mit hohem Fleischproteingehalt (kein Fisch) und gib mehr Nassfutter als Trockenfutter. Maine Coons können stark von rohem Fleisch in ihrer Ernährung profitieren, was erheblich zum Muskeltonus und zur allgemeinen Gesundheit beiträgt. Stelle viel frisches Wasser bereit, vorzugsweise aus einem fließenden, gefilterten Trinkbrunnen für Haustiere. Verwende Leckerlis sparsam und achte darauf, dass es gesunde Snacks sind, wie gefriergetrocknetes Fleisch ohne Zusatzstoffe. Diese Leckerlis für Maine Coons zum Jagen und oft auch zum Apportieren zu werfen, ist eine großartige Möglichkeit, Bewegung in den Alltag einzubauen.*

TERI MATZKIN
*SaraJen Maine Coon Cats*

## Vorteile hochwertiger Ernährung

Deiner Maine Coon eine hochwertige Ernährung zu bieten ist entscheidend für ihre Gesundheit. Die richtige Ernährung ist der beste Weg, um deine Katze von Anfang an auf ein gesundes Leben vorzubereiten. So wie Menschen versuchen, verarbeitete Lebensmittel und Zusatzstoffe zu vermeiden, so solltest du es auch bei der Lebensmittelmittelauswahl deiner Katze tun.

Katzen benötigen eine spezifische Balance aus Proteinen, Fetten, Kohlenhydraten, Vitaminen und Mineralstoffen um zu gedeihen. Wähle ein

Foto: Mit Erlaubnis von
Douglas Grenville

hochwertiges Katzenfutter, das deinem Tier alles Notwendige bietet, ohne überflüssige Füllstoffe oder Konservierungsmittel. Obwohl es viele Katzenfutteroptionen auf dem Markt gibt, werden viele so günstig wie möglich hergestellt und erfüllen nur die Mindestqualitätsstandards. Technisch gesehen wird deine Katze mit dieser Art von Futter überleben, aber es fördert keinen gesunden Lebensstil.

## In der Wildnis

*Füttere Nassfutter für ein langes Leben. Die Vorfahren der Katzen waren Wüstenbewohner. Sie nehmen von selbst nicht genug Wasser auf. Außerdem neigt Trockenfutter dazu, Feuchtigkeit im Verdauungstrakt zu absorbieren, was zu Dehydrierung führt und letztendlich dazu, dass eine Katze vorzeitig an Nierenversagen stirbt. Gib Wasser zu Pasteten-Nassfutter hinzu. Füge spezielle Katzensuppen/ Brühen in Beuteln zum Pastetenfutter oder Trockenfutter hinzu. Das erhöht die Feuchtigkeit und fördert die Hydratation. Stelle einen Trinkbrunnen auf oder lass Wasser im Waschbecken tröpfeln. Katzen spielen damit und trinken es bereitwilliger.*

KELLY SPARKMAN
*Mountain Fork European Maine Coons*

Katzen sind echte Fleischfresser und beziehen in der Wildnis den Großteil ihrer Nährstoffe aus kleinen Säugetieren und Vögeln. Auch wenn du wahrscheinlich nicht möchtest, dass dein Maine Coon sein Abendessen aus dem Garten nach Hause bringt, ist es wichtig, dass das Futter, das du ihm gibst, die gleichen Nährstoffe enthält. Katzen fressen in der Wildnis fast keine Kohlenhydrate, und jedes kommerzielle Futter, das du kaufst, sollte das widerspiegeln.

## Arten von kommerziellem Futter

Kommerzielles Katzenfutter gibt es in zwei Hauptvarianten: Trocken- und Nassfutter. Als neuer Katzenbesitzer kann die Auswahl überwältigend sein. In diesem Abschnitt besprechen wir die Grundlagen jeder Futterart, damit du eine fundierte Entscheidung treffen kannst, was für deinen Maine

Coon am besten ist.

**Trockenfutter** – Trockenfutter wird typischerweise hergestellt, indem man die Zutaten mischt und dann bei hoher Temperatur unter Druck kocht. Es ist auch nach dem Öffnen lange haltbar, hat einen nur minimalen Eigengeruch und ist in der Regel günstiger als Nassfutter.

Obwohl der Komfort ein Faktor ist, wurde Trockenfutter mit Fettleibigkeit in Verbindung gebracht. Das liegt möglicherweise auch daran, dass viele Katzen „frei gefüttert" werden oder den ganzen Tag über aus einem vollen Napf fressen können. Dies kann leicht zu übermäßigem Fressen führen, ohne dass der Besitzer es bemerkt. Wenn du dich entscheidest, deine Katze mit Trockenfutter zu füttern, dann messe die tägliche Futterration ab, damit du ihre Ernährung im Auge behalten kannst.

Es wird auch angenommen, dass viele Nährstoffe im Trockenfutter aufgrund der extremen Hitze beim Herstellungsprozess verloren gehen. Ein Vorteil von Trockenfutter ist jedoch die Sauberkeit und der fehlende Geruch. Nassfutter kann manchmal am langen Fell deiner Katze haften bleiben, was bedeutet, dass sie nach jeder Mahlzeit möglicherweise abgewischt werden muss.

**Nassfutter** – Nassfutter besteht zu etwa 70 % aus Wasser. Im Vergleich zu den lediglich 10 % in Trockenfutter ist dies ein großer Vorteil für Katzen, die nicht genug Wasser von sich aus trinken. Da Katzen im Allgemeinen anfällig für Nierenerkrankungen sind, kann der zusätzliche Wassergehalt im Nassfutter wirklich einen Unterschied machen.

Nassfutter aus der Dose ist auch eine großartige Wahl für wählerische Fresser. Es hat normalerweise einen viel stärkeren Geruch als Trockenfutter und kann deinen Maine Coon oft schon mit einem Schnuppern anlocken. Während dies ein Vorteil für deine Katze ist, kann es für dich ein Nachteil sein. Nassfutter kann für Besitzer unangenehm riechen und verdirbt viel schneller, was bedeutet, dass es gekühlt oder weggeworfen werden muss, wenn deine Katze ihr Futter nicht schnell aufisst.

Ein weiterer Nachteil von Nassfutter ist der Preis. Es ist in der Regel pro Portion teurer als Trockenfutter. Für Katzen mit Zahnproblemen oder ältere Katzen kann Nassfutter jedoch leichter zu kauen sein.

**Futter kombinieren** – Viele Experten schlagen vor, dass eine abwechslungsreiche Kost vorteilhaft sein könnte. Sie schlagen vor, sowohl Nassfutter als auch Trockenfutter anzubieten. Du kannst die beiden Futterarten direkt in einer Schüssel mixen oder zu getrennten Zeiten anbieten. In jedem Fall solltest du nicht verzehrtes Nassfutter innerhalb weniger Stunden nach dem Öffnen entsorgen oder gekühlt lagern.

Unabhängig davon, welche Art von Futter du wählst, überprüfe, ob es den Standards der FEDIAF, dem Repräsentationsorgan der europäischen Tierfutterindustrie, entspricht. Sie setzen einen grundlegenden Ernährungsstandard für alle Katzenfutter. Jedes Futter, das du für deinen Maine Coon wählst, sollte diese Standards mindestens erfüllen. Über den Industrieverband Heimtierbedarf e.V. (IVH) kannst du die deutschsprachigen Richtlinien für Katzen und Hunde als PDF kostenlos runterladen.

*Es wird immer viele Meinungen darüber geben, welches Futter für Maine Coons am besten ist, aber hoher Proteingehalt und viel Wasser sind ein Muss. Ob du deine eigene Rohmischung herstellst oder Dosen- oder Trockenfutter kaufst, getreidefrei oder nicht, du solltest immer deine Zutaten kennen. Huhn ist nicht dasselbe wie Hühnernebenprodukte. Meine Katzen bekommen jeden Morgen und Abend eine Dose Futter, und ich lasse sie nach Belieben Trockenfutter fressen, bis sie zwei Jahre alt sind. Sobald sie zwei Jahre alt sind, wachsen sie viel langsamer, also lasse ich sie tagsüber nicht frei fressen; wenn sie hungrig sind, gebe ich ihnen ein gefrorenes Rohnugget als Snack. Primal Raw gefrorene Nuggets sind reich an Proteinen, ohne viele Füllstoffe, und es reicht normalerweise aus, um sie bis zum Abendessen zufrieden zu halten.*

JENNIFER JINKINS
*Kaiju Maine Coon Cattery*

## Zutaten, die du vermeiden solltest

*Trockenfutter ist nicht wirklich gut für Katzen. Katzen sind obligate Fleischfresser, was nur eine ausgefallene Art ist zu sagen, dass sie Fleisch fressen müssen und kaum Kohlenhydrate benötigen. Fleisch, Fleisch, Fleisch. Nicht Mais oder Weizen oder Soja oder Kartoffeln oder Erbsen – keine Karotten oder Blaubeeren. All diese Zutaten sind nur Füllstoffe, da die Katze die Nährstoffe nicht verwerten kann.*

SHERRY DELONY CAMPBELL
*Mainesuspect Maine Coons*

Neben dem Wissen, welche Zutaten deine Katze zum Gedeihen benötigt, ist es wichtig, dass du auch weißt, welche Zutaten zu vermeiden sind. Zu diesen Warnsignalen gehören chemische Konservierungsstoffe wie BHT (Butylhydroxytoluol) und BHA (Butylhydroxyanisol). Diese beiden Chemikalien helfen, Trockenfutter zu konservieren, stehen aber im Verdacht, krebserregend zu sein. Es ist am besten, diese Zutaten um jeden Preis zu vermeiden, um die langfristige Sicherheit deines Maine Coons zu gewährleisten.

Eine weitere Zutat, auf die du achten solltest, sind alle Arten von Fleischnebenerzeugnissen. Diese können auch als Fleischmehl und Konzentratmehl bezeichnet werden. Diese Nebenprodukte sind nicht identifiziert und minderwertig gegenüber echten Primärproteinen. Diese Zutat ist ein Indikator für ein minderwertiges Futter.

Kohlenhydrat-Füllstoffe wie Weizen und Maismehl sind weitere Zutaten, die vermieden werden sollten. Wie oben besprochen fressen Katzen in der Wildnis keine Kohlenhydrate, daher sollte auch dein Katzenfutter nicht voll davon sein. Dies sind günstige Füllstoffe und kennzeichnen ein minderwertiges Futter. Während die meisten Katzenfutter etwas Getreide enthalten,

sollte der Getreidegehalt viel geringer sein als der Proteingehalt.

Wenn deine Katze eine Glutenallergie oder eine Empfindlichkeit gegenüber Getreide entwickelt, kann stattdessen ein hochwertiges getreidefreies Katzenfutter gefüttert werden. Symptome von Getreideallergien umfassen Juckreiz, Fellverlust und Darmprobleme. Obwohl nicht häufig, solltest du bei Auftreten dieser Symptome tierärztliche Hilfe für deine Katze suchen.

## Futter vom Tisch

Obwohl es nicht ratsam ist, einer übergewichtigen oder kranken Katze Tischfutter zu geben, gibt es einige Lebensmittel, die du mit deiner liebevollen Maine Coon teilen kannst. Unten findest du eine Liste zugelassener Tischleckerlis, die deine Katze gelegentlich genießen darf.

**Fleisch, Fisch und Eier:** Da Katzen echte Fleischfresser sind, werden sie höchstwahrscheinlich gerne einen Bissen von deinem gekochten Hühnchen oder anderen tierischen Produkten mit dir teilen. Vielleicht erwischt du deine Katze auch dabei, wie sie genau in dem Moment am Lachs schnüffelt, in dem du nicht hinsiehst. Denk daran, dass jedes Tischfutter nur in Maßen angeboten werden sollte, und gib deiner Katze niemals etwas, das stark gewürzt ist. Das kann zu Magenverstimmungen führen.

**Obst und Gemüse:** Viele Katzen haben kein Interesse an Obst oder Gemüse. Sollte deine Katze jedoch welches zeigen, dann ist es in Ordnung, mit ihr einen oder zwei Bissen zu teilen. Katzen können Süße nicht schmecken, daher ist der Reiz bei Früchten meist eher gering. Aber der Vitamin-, Mineralstoff- und Wassergehalt ist vorteilhaft für deinen flauschigen Begleiter, zumindest solange Obst oder Gemüse nicht den Platz eines ausgewogenen Katzenfutters einnehmen.

## Essen vom Tisch, das vermieden werden sollte

Während du einiges vom Tisch mit deinem flauschigen Freund teilen kannst, gibt es Lebensmittel, die du aufgrund potenzieller Giftigkeit vermeiden solltest. Dazu gehören Zwiebeln und Knoblauch, Schokolade, Trauben und Rosinen sowie roher Teig. Diese Lebensmittel können für deine Katze schädlich sein und sollten ihr niemals gefüttert werden.

Andere zu vermeidende Lebensmittel sind Milch und Milchprodukte. Diese sind für deine Katze nicht gefährlich, aber viele Katzen können Laktose nicht verdauen und können durch den Verzehr unter Magenverstimmungen leiden. Hundefutter ist eine weitere Sache, die du deiner Maine Coon nicht füttern solltest. Es mal zu essen wird ihr nicht schaden, aber Hundefutter ist nicht formuliert, um die Ernährungsbedürfnisse einer Katze zu erfüllen, und kann nicht anstelle eines hochwertigen Katzenfutters gefüttert werden.

### Gewichtsmanagement

*Eine proteinreiche Ernährung ist wichtig, ebenso wie sicherzustellen, dass deine Katze nicht übergewichtig wird. Wiege deine Katze regelmäßig, gehe regelmäßig zum Tierarzt und vergiss nicht, deine Katze mit Spielzeug und Spielzeit aktiv zu halten. Verwende eine Körperkonditionstabelle, um zu sehen, ob deine Katze in einem gesunden Bereich liegt. Kätzchen können so viel fressen, wie sie wollen, aber es ist wichtig, ein Auge auf die Erwachsenen zu haben. Zu viel Gewicht kann viele Gesundheitsprobleme bei Katzen verursachen.*

JASMINA WALTZ
*Star-Studded Maine Coons*

Eine übergewichtige Katze ist anfällig für viele Gesundheitsprobleme wie Arthritis, Diabetes und Herzerkrankungen, die durch einen angemessenen Body-Mass-Index verringert werden können. Wenn du dir nicht sicher bist, ob deine Maine Coon übergewichtig ist, kann dein Tierarzt es dir sagen. Sollte deine Katze übergewichtig sein, dann gibt es mehrere Änderungen des Lebensstils, die du umsetzen kannst, um das Gewicht deiner Katze zu kontrollieren.

Das Erste, was du tun kannst, um den Gewichtsverlust deiner Katze zu fördern, ist, alle Leckerlis und Essen vom Tisch zu stoppen. Begrenze die Fütterungen auf die Mahlzeiten und streiche alle zusätzlichen Kalorien. Ein weiterer einfacher Schritt, den du unternehmen kannst, um das Gewicht zu kontrollieren, ist, das freie Grasen zu stoppen. Miss das Futter in der angemessenen Menge ab und erlaube deiner Katze nur zu den Mahlzeiten zu fressen, anstatt sie aus einem vollen Napf fressen zu lassen, wann immer sie Lust dazu hat.

Neben der Nahrungsregulierung ist Bewegung eine großartige Möglichkeit, deiner Katze beim Abnehmen zu helfen. Mache es spaßig, indem du deine Maine Coon mit Spielzeug beschäftigst und sie ermutigst, aufzustehen und sich mit dir im Haus zu bewegen. Du kannst sogar eine Taschenlampe oder einen Laserpointer verwenden, um deine Katze zu bewegen, wenn du selbst weniger mobil bist.

Wenn erhöhte Bewegung und Nahrungsregulierung nicht funktionieren, kann dein Tierarzt ein spezielles Katzenfutter für das Gewichtsmanagement empfehlen. Diese Futtermittel sind so formuliert, dass sie deiner Katze helfen, überschüssiges Gewicht zu verlieren, während sie immer noch alle lebenswichtigen Nährstoffe erhält, die sie zum Gedeihen benötigt.

# KAPITEL 10

# Die gesundheitliche Versorgung deiner Maine Coon

## Regelmäßige Besuche beim Tierarzt

Deine Maine Coon sollte regelmäßig, etwa alle zwölf Monate, zum Tierarzt, um sicherzustellen, dass sie gesund ist. Diese Besuche dienen der Vorsorge und sollen mögliche Probleme erkennen, bevor sie ernst werden. Bei diesen Untersuchungen können auch das Gewicht deiner Katze überwacht und der Impfschutz aktualisiert werden. Sobald deine Katze das Seniorenalter erreicht, etwa zwischen sieben und elf Jahren, könnte dein Tierarzt halbjährliche Besuche empfehlen, um altersbedingte Erkrankungen frühzeitig zu erkennen.

Bei diesen regelmäßigen Tierarztbesuchen oder Gesundheitschecks wird dein Tierarzt deine Maine Coon gründlich untersuchen. Dazu gehört eine allgemeine Beurteilung des Erscheinungsbildes der Katze, einschließlich ihrer Aufmerksamkeit und ihres Fellzustands, sowie eine Bewertung ihres Gangs und Gewichts. Der Tierarzt wird auch die Augen, Ohren, Nase und den Rachen deiner Maine Coons überprüfen, Herz und Lunge abhören sowie Bauch und Hals auf schmerzhafte Knoten oder Schwellungen abtasten. Falls deine Katze Impfungen oder Auffrischungen benötigt, werden diese wahrscheinlich während dieser Vorsorgeuntersuchungen verabreicht.

Bereite dich auf diese Besuche vor und notiere alle Fragen oder Bedenken, die du bezüglich deiner Maine Coon haben könntest, egal wie unbedeutend sie erscheinen mögen.

## Tierarztes

Es ist ratsam, bereits vor der Ankunft deiner Maine Coon einen Tierarzt ausgewählt zu haben, da viele Züchter vorschreiben, dass die Katze in den ersten Tagen nach der Abholung tierärztlich untersucht werden muss.

Der beste Weg, einen seriösen Tierarzt in deiner Nähe zu finden, ist, andere Katzenbesitzer, die du kennst, um Empfehlungen zu bitten. Mundpropaganda ist eine großartige und zuverlässige Methode, um ein Gefühl dafür zu bekommen, wie Praxen ihre Patienten behandeln. Wenn du niemanden mit einer Katze kennst oder unsicher bist, wen du fragen sollst, schau dir Bewertungen für jede Praxis online über Google oder andere Bewertungsportale an.

Foto: Mit Erlaubnis von Stephanie Hart

Sobald du einige Praxen gefunden hast, mit denen du dich wohlfühlst, scheue dich nicht, jede Praxis anzurufen und Fragen zu stellen, bevor du dich für eine entscheidest. Berücksichtige, wie viel Erfahrung sie mit Maine Coons haben, wie weit sie von deinem Zuhause entfernt sind und die Preise. Frage sie, wie sie im Notfall außerhalb der Sprechzeiten erreichbar sind – ein ausgezeichneter Tierarzt nützt dir nicht viel, wenn er außerhalb der Sprechzeiten nicht erreichbar ist.

Bemühe dich, einen seriösen und zuverlässigen Tierarzt in der Nähe deines Zuhauses zu finden. Das Letzte, was du im Notfall tun möchtest, ist, deine Katz dreißig Minuten oder länger zu fahren, um Hilfe zu bekommen.

## Impfungen

Selbst wenn deine Maine Coon das einzige Haustier im Haus ist und ausschließlich drinnen lebt, gibt es einige Impfungen, die sie benötigt. Auch wenn du es für unnötig halten magst, sie gegen bestimmte Krankheiten und Infektionen zu impfen, reicht ein einziges Entwischen durch die Tür in den Garten, damit deine Katze potenziell gefährlichen Erregern oder Krankheiten ausgesetzt wird.

Wenn du ein Kätzchen nach Hause bringst, hat es möglicherweise bereits seine erste Impfrunde erhalten. Stelle sicher, dass du alle medizinischen Unterlagen erhältst und sie zum ersten Tierarzttermin mitnimmst, damit du weißt, was es braucht und was es bereits bekommen hat. Normalerweise erhält ein Kätzchen seine ersten Impfungen im Alter von etwa sechs bis acht Wochen und bekommt dann in einem Abstand von drei bis vier Wochen weitere Impfungen und Auffrischungen, bis es etwa vier Monate alt ist.

Die Kernimpfungen für Katzen, wie von der Ständigen Impfkommission Veterinärmedizin (StIKo Vet) festgelegt, umfassen Tollwut, feline virale Rhinotracheitis (Katzenschnupfen), Calicivirus, Panleukopenie (RCP) und felines Herpesvirus Typ 1. Diese Impfungen werden für alle Katzen empfohlen, unabhängig von ihrem Lebensstil.

**Tollwut** – Tollwut ist eine äußerst ernste Viruserkrankung, für die alle Säugetiere (einschließlich Menschen) anfällig sind. Typischerweise wird sie durch einen Biss über den Speichel eines infizierten Tieres übertragen und endet für ein ungeimpftes Haustier meist tödlich. In mehreren Bundesländern ist bei Verdacht auf Tollwut eine Euthanasie gesetzlich vorgeschrieben, da es keinen zuverlässigen Test zur Diagnose der Krankheit gibt. Die einzige Möglichkeit, Gewissheit zu erlangen, ist die Testung einer postmortal entnommenen Hirnprobe.

Mehrere Bundesländer schreiben die Tollwutimpfungen für Katzen vor. Diese Impfung wird typischerweise erstmals im Alter von vierzehn bis fünfzehn Wochen verabreicht. Einige Tollwutimpfstoffe für Katzen müssen jährlich verabreicht werden, während andere drei Jahre wirksam sind. Sprich mit deinem Tierarzt, um zu erfahren, wann du die nächste Tollwutimpfung für deinen Maine Coon einplanen solltest.

**Felines Herpesvirus/Feline Virale Rhinotracheitis, Calicivirus und Panleukopenie:** Der auch als FVRCP bekannte Impfstoff ist eine Kombinationsimpfung, die typischerweise in der sechsten bis achten und dann erneut zwischen der zehnten und zwölften sowie zwischen der vierzehnten und sechzehnten Lebenswoche verabreicht wird. Die FVRCP-Impfung wird nach einem Jahr und danach alle drei Jahre erneut verabreicht. Im Allgemeinen sind die Krankheitsbilder, die durch diese Viren verursacht werden, als „Katzenschnupfen" bekannt.

**Felines Herpesvirus/Feline Virale Rhinotracheitis:** Diese Viren sind hochansteckend und haben das Potenzial, das gesamte Leben deiner Maine Coon zu beeinträchtigen. Feline Herpes verursacht Atemwegsprobleme und eine Bindehautentzündung. Obwohl die Krankheit nur etwa zehn bis zwanzig Tage andauert, bleibt sie in deiner Katze für ihr gesamtes Leben latent und kann in Zeiten von Stress oder anderer Krankheit reaktiviert werden.

**Caliciviren:** Das Calicivirus kann von einer Vielzahl von Atemwegsviren, gegen die der FVRCP-Impfstoff schützt, ausgelöst werden. Calciviren können auch chronische Probleme wie schmerzhafte Entzündungen der Zähne und des Zahnfleisches verursachen.

**Panleukopenie:** Die Panleukopenie wird durch das feline Parvovirus (FPV) ausgelöst. Es ist ein hochansteckendes Virus, das für ein Kätzchen schnell tödlich werden kann. Diese Viruserkrankung zeigt sich normalerweise durch verminderte Energie und Appetit, was allmählich zu Erbrechen und Durchfall führt. Dabei töten die Viren die weißen Blutkörperchen ab, was gerade ein Kätzchen anfällig für Sekundärinfektionen macht.

Alle drei Krankheiten sind hochansteckend, weltweit verbreitet und sehr gefährlich für junge Kätzchen. Deshalb wird eine frühe Impfung empfohlen und gefördert.

Laut der Ständigen Impfkommission Veterinärmedizin gibt es auch einige nicht essenzielle oder „Lifestyle"-Impfungen, die du mit deinem Tierarzt besprechen solltest, um festzustellen, ob sie für deine Maine Coon geeignet sind. Dazu gehören das feline Leukämievirus, Chlamydophila felis und Bordetella. Ob diese Impfungen notwendig werden, hängt von deinen eigenen Lebensstilfaktoren und deiner Umgebung ab. Daher solltest du den Rat eines Tierarztes einholen, der dich und deine Katze gut kennt.

## Parasitenprophylaxe

Parasiten wie Flöhe, Zecken und Würmer können auch für Maine Coons, die ausschließlich in der Wohnung leben, ein Problem darstellen. Ein einziger Ausflug vor die Tür reicht aus, um einen dieser lästigen Plagegeister und all die Probleme, die sie mit sich bringen, einzuschleppen.

## Flöhe

Flöhe sind die häufigsten Parasiten, die Katzen weltweit befallen. Sobald ein Befall eingetreten ist, vermehren sie sich schnell und sind schwer auszurotten. Ein einziger Floh kann sich vermehren und zu einem Befall in deinem Zuhause führen, der sowohl für dich als auch für deine Katze problematisch wird. Glücklicherweise ist die Flohprävention hingegen einfach und wirksam.

**Topische Flohmittel:** Topische Flohmittel für Katzen sind einfach in der Handhabung und in jedem Zoofachgeschäft erhältlich. Diese Medikamente kommen in kleinen Tuben und du musst deren Inhalt lediglich auf die Haut zwischen den Schulterblättern auf dem Rücken deiner Katze ausdrücken. Diese Mittel bieten etwa einen Monat Schutz und müssen dann erneut aufgetragen werden.

Dieses Spot-on-Präparat wirkt, indem es in den Blutkreislauf deiner Katze aufgenommen wird und die Flöhe beim Biss tötet. Dieses Mittel ist äußerst wirksam, hinterlässt jedoch einen fettigen Fleck im Fell deiner Katze, der vermieden werden sollte, bis das Präparat vollständig eingezogen ist. Stelle sicher, dass dieses Medikament nicht an einer Stelle aufgetragen wird, die deine Katze ablecken und pflegen kann, da sie das Medikament nicht verschlucken sollte.

Die meisten topischen Flohpräventiva haben ein Mindestalter, daher solltest du vor Beginn der Behandlung deinen Tierarzt konsultieren. Verwende niemals ein topisches Flohmedikament für Hunde bei einer Katze, da einige Permethrin enthalten, das für Katzen hochgiftig ist.

**Orale Flohmedikamente:** Eine weitere Option zur Vorbeugung eines Flohbefalls sind orale Medikamente. Diese Medikamente schützen in der Regel auch vor anderen Parasiten wie Herzwürmern, Milben und Darmparasiten und müssen monatlich verabreicht werden.

Während diese einfacher und weniger unordentlich zu verabreichen sind, haben orale Präventiva einen höheren Preis. Nicht alle oralen Präventiva sind gleich, daher solltest du jedes Medikament mit deinem Tierarzt besprechen, bevor du es deiner Maine Coon gibst.

**Flohhalsbänder:** Flohhalsbänder können bei richtiger Anwendung wirksam gegen Flöhe und Zecken sein, bringen aber auch ein Risiko mit sich. Verwende niemals ein für Hunde vorgesehenes Flohband bei einer Katze! Sie enthalten Chemikalien, die für Katzen giftig sind. Beachte, dass diese Halsbänder mit denselben Medikamenten bedeckt sind, wie sie in Spot-on-Präparaten vorkommen. Aufgrund dessen solltest du selbst jeden Kontakt mit dem Halsband vermeiden. Achte besonders darauf, dass Kinder das Halsband nicht anfassen.

## Wie man einen Befall behandelt

Das Letzte, womit ein Haustierbesitzer sich beschäftigen möchte, ist ein Flohbefall. Flöhe sind sehr schwer loszuwerden, aber es gibt einige Dinge, die du tun kannst. Wenn deine Katze Flöhe hat, verzichte auf ein Flohbad.

Die verwendeten Shampoos töten nur die lebenden Flöhe auf deiner Katze und nicht die Eier und Larven, was bedeutet, dass sie nur eine vorüberge-hende Lösung sind. Abgesehen davon, dass Flohshampoos das gesamte Problem nicht lösen können, kann das Shampoo deiner Maine Coon sogar schaden. Verwende stattdessen Spülmittel für genau das gleiche Ergebnis

Foto: Mit Erlaubnis von
Ahli Stevens

ohne die Reizung durch das medizinische Shampoo.

Du wirst auch einen Flohkamm kaufen müssen. Kämme deiner Katze vorsichtig durch das Fell in einem 45-Grad-Winkel bis hinunter zur Haut. Diese Kämme sind mit eng stehenden Zähnen konzipiert, zwischen denen Flöhe nicht durchkommen können. Kämme den gesamten Körper deiner Maine Coon, konzentriere dich aber auf Kopf, Nacken und Schwanz, da sich Flöhe dort gerne verstecken.

Wenn du einen Floh im Kamm findest, fange ihn in einem feuchten Papiertuch ein und lasse ihn dann in Seifenwasser fallen, um ihn zu töten. Handle schnell, da sich die Flöhe fix bewegen und vom Kamm springen können, sobald sie freigelegt sind.

Sobald du die Flöhe auf deiner Katze behandelt hast, verlagere den Fokus auf dein Zuhause, da sich dort möglicherweise auch Flöhe verstecken. Sauge jeden Bereich vom Boden bis zu den Vorhängen zweimal täglich ab, um sicherzustellen, dass die Flöhe aufgesaugt werden, sobald sie schlüpfen. Leere den Staubsauger nach jedem Mal und bringe den Beutel nach draußen, damit keine lebenden Flöhe wieder in dein Zuhause gelangen können. Tue dies zwei Wochen lang, um alle Flöhe loszuwerden. Denk daran: Flöhe vermehren sich schnell, also lasse keinen Tag aus!

# Zecken

Du denkst vielleicht, dass deine Katze keinen Zeckenschutz braucht, wenn sie hauptsächlich drinnen lebt, aber Zecken können auf verschiedene Weise ins Haus gelangen, auch über Menschen oder andere Haustiere. Glücklicherweise schützen die meisten Flohpräventiva auch vor Zecken, aber es ist wichtig, die Risiken von Zeckenbissen für deine Katze zu verstehen.

**Cytauxzoonose:** Die Cytauxzoonose (auch als „Bobcat-Fever" bekannt) ist die schwerwiegendste durch Zecken übertragbare Krankheit für Katzen, die normalerweise innerhalb von einer Woche nach dem Auftreten der Symptome tödlich verläuft. Übertragen wird der Krankheitserreger über die sogenannte Lone-Star-Zecke. Die Cytauxzoonose ist katzenspezifisch und betrifft die Blutsollen und das Kreislaufsystem. Symptome sind Fieber, Appetitlosigkeit, Lethargie, Gelbsucht und Atembeschwerden. Obwohl eine Behandlung möglich ist, überleben die meisten Katzen nicht.

**Lyme-Borreliose:** Diese durch Zecken übertragene Krankheit kommt bei Hunden und Menschen häufiger vor, kann aber auch manchmal Katzen betreffen. Zu den Symptomen können Gelenksteifheit, Fieber, Appetitlosigkeit, Berührungsempfindlichkeit und geschwollene Lymphknoten gehören.

**Anaplasmose:** Die Anaplasmose ist eine durch Zecken übertragene Infektion, die hauptsächlich im Nordosten Deutschlands vorkommt. Symptome sind Appetitlosigkeit, Lethargie und Fieber.

Abgesehen von diesen zeckenbedingten Krankheiten können sowohl Flöhe als auch Zecken bei großem Befall deiner Katze eine Anämie verursachen. Es ist wichtig, deine Katze regelmäßig auf Flöhe und Zecken zu überprüfen, besonders nach einem Ausflug ins Freie oder in hohes Gras oder Gebüsch. Wenn du eine Zecke an deiner Katze findest, verwende die folgenden Schritte, um sie vorsichtig zu entfernen.

1. Greife mit Handschuhen und einer Pinzette die Zecke fest und so nah wie möglich an der Haut.

2. Sobald du die Zecke sicher hast, ziehe sie gerade nach oben, damit keine Mundteile der Zecke zurückbleiben, die eine Infektion verursachen könnten.

3. Lege die Zecke in ein Glas mit Seifenwasser, um sie zu töten, und reinige die Bissstelle gründlich mit einem Antiseptikum.

4. Bewahre die Zecke zur Identifizierung auf, falls deine Katze Symptome zeigt. Dies kann bis zu zwei Wochen dauern, also beobachte deinen Maine Coon genau auf Verhaltensänderungen.

Obwohl sowohl Zecken als auch Flöhe in vielen Regionen saisonal auftreten können, empfehlen die meisten Tierärzte, deine Katze ganzjährig mit einem Präventivmittel zu schützen.

## Würmer und Parasiten

Die häufigsten bei Katzen vorkommenden Würmer sind Hakenwürmer, Spulwürmer, Bandwürmer und Peitschenwürmer. Diese sind bei Katzen ziemlich verbreitet, können aber schädlich für die Gesundheit sein, wenn sie unbehandelt bleiben. Würmer und andere innere Parasiten werden typischerweise mit einer Kotprobe diagnostiziert, aber es gibt einige Symptome, auf die du achten kannst.

Einige Anzeichen dafür, dass deine Katze mit einem Wurm oder Parasiten infiziert sein könnte, sind Erbrechen, Durchfall, schlechter Haut- und Fellzustand, teerartiger Stuhl, Gewichtsverlust und ein aufgeblähter Bauch. Wenn du eines dieser Symptome bei deiner Katze bemerkst, auch wenn sie nur subtil sind, suche einen Tierarzt auf, um deinen Maine Coon auf Würmer und Parasiten zu untersuchen. Unbehandelt können sich die Symptome verschlimmern und in schweren Fällen sogar zum Tod führen.

# Herzwürmer

Die meisten kennen den Schweregrad eines Herzwurmbefalls bei Hunden, aber auch Katzen können diese lästigen Parasiten tragen. Obwohl nicht häufig, können Herzwürmer in deiner Katze leben und ihre Gesundheit zerstören. Glücklicherweise ist die Rate von Herzwürmern bei Katzen niedrig, da sie kein idealer Wirt sind. Bei Infektion gibt es jedoch für Katzen keine sichere und wirksame Behandlung wie für Hunde.

Diese Würmer werden durch Mückenstiche übertragen und brauchen typischerweise sechs bis sieben Monate, um sich zu erwachsenen Herzwürmern zu entwickeln, die im Herzen deiner Katze leben und große Probleme verursachen. Diese Würmer verursachen Lungen-, Herz- und Arterienschäden, die dauerhaft sein können.

Herzwürmer sind in Deutschland zwar nicht so verbreitet wie in südlichen Teilen der USA, besonders um den Golf von Mexiko, aber mit dem Klimawandel und der zunehmenden Reiseaktivität von Haustieren können Fälle überall auftreten. Je nachdem, wo du lebst, empfehlen einige Tierärzte, deine Katze ganzjährig mit einem Präventivmittel vor Herzwürmern zu schützen, da Vorbeugung den Unterschied zwischen Leben und Tod für deine Maine Coon bedeuten kann.

## Kastration und Sterilisation

Kastration und Sterilisation sind chirurgische Eingriffe, bei denen entweder die Gebärmutter und Eierstöcke einer weiblichen Katze oder die Hoden des Männchens entfernt werden. Wenn du deinen Maine Coon von einem Züchter gekauft hast, kann es in deinem Vertrag festgelegt sein, ob oder wie schnell du diese Eingriffe durchführen lassen musst.

Während einige glauben, dass man warten sollte, bis eine Katze die Geschlechtsreife erreicht hat, bevor man sie kastriert oder sterilisiert, zeigen neuere Forschungen, dass es mehr Vorteile bei einer früheren Kastration und Sterilisation geben kann. Wenn du dich für eine Kastration oder Sterilisation vor Erreichen der Geschlechtsreife entscheidest, die schon mit sechs Monaten eintreten kann, kannst du einige unerwünschte Verhaltensweisen wie Markieren, Streunern und Aggressivität vermeiden. Studien zeigen auch, dass eine Sterilisation vor Erreichen der Geschlechtsreife das Risiko von Mammatumoren oder Brustkrebs für deine Katze in der Zukunft nahezu eliminieren kann.

Katzen können technisch gesehen bereits im Alter von acht Wochen kastriert oder sterilisiert werden, und das ist typischerweise das, was Tierheime und Rettungsorganisationen tun. Die meisten Katzen in Privatbesitz werden jedoch kurz vor Erreichen der Geschlechtsreife, also zwischen vier und sechs Monaten, kastriert oder sterilisiert. Wenn dein Vertrag nicht vorschreibt, wann deine Katze sterilisiert werden muss, besprich die Angelegenheit mit deinem Tierarzt.

Je nachdem, wo du lebst, können die Kosten für eine Kastration oder Sterilisation zwischen 75 und 500 Euro liegen. Sei auf diese Ausgabe vorbereitet, bevor du deinen Maine Coon nach Hause bringst. Wenn du einen geretteten Maine Coon adoptierst, sollte sie bereits sterilisiert sein, und du musst dir keine Sorgen um den Eingriff machen.

## Häufige genetische Erkrankungen

Obwohl Maine Coons im Allgemeinen als gesunde Rasse gelten, gibt es einige genetische Erkrankungen, die die Rasse plagen und Krankheit oder Unbehagen verursachen können. Bevor du eine Maine Coon von einem Züchter kaufst, stelle sicher, dass er alle genetischen Tests durchgeführt hat, die notwendig sind, um die Weitergabe dieser genetischen Erkrankungen zu verhindern.

**Hypertrophe Kardiomyopathie (HCM):** Dies ist eine schwerwiegende Herzerkrankung, die bei Maine Coons häufig vorkommt. Die genetische Mutation, die HCM verursacht, findet sich bei etwa 30 % aller Maine Coons. Diese Mutation führt zu einer Verdickung der Herzwände, was zu plötzlichem Tod oder einer Herzinsuffizienz führen kann.

Symptome von HCM sind Lethargie, Appetitlosigkeit, Atembeschwerden, schwacher Puls, abnormale Herzgeräusche, Bewegungsunfähigkeit, bläuliche Verfärbung der Krallen oder Fußballen, plötzliche Lähmung der Hinterbeine, knisternde Atmung und Kollaps. Wenn dein Maine Coon eines dieser Symptome zeigt, suche so schnell wie möglich einen Notfalltierarzt auf.

**Hüftdysplasie:** Hüftdysplasie tritt auf, wenn das Kugelgelenk, welches den oberen Oberschenkelknochen mit dem Becken verbindet, sich nicht richtig bildet. Diese Erkrankung ist angeboren und kann nicht verhindert werden. Eine frühe Behandlung kann jedoch das Fortschreiten verlangsamen und das Leben deiner Katze angenehmer gestalten.

Symptome der Hüftdysplasie sind Schmerzen, Hinken, Bewegungswiderstand und ein veränderter Gang. Wenn du eine dieser Veränderungen bei deiner Katze beobachtest, suche den Tierarzt für eine Untersuchung auf. Hüftdysplasie wird mit einem Röntgenbild diagnostiziert.

Während schwere Fälle möglicherweise eine Operation benötigen, können die meisten mit Schmerzmitteln und Lebensstiländerungen behandelt werden. Es ist wichtig, deine Katze auf einem optimalen Gewicht zu halten, um die Lebensqualität eines Maine Coons mit Hüftdysplasie zu verbessern. Auch die Reduzierung anstrengender Übungen und ihr Ersatz durch sanfte Bewegungen kann bei der Schmerzbehandlung helfen. Möglicherweise musst du Dinge für deinen Maine Coon zugänglicher machen, indem du Hocker und bewegliche Treppen in der Nähe der Orte platzierst, die er gerne aufsucht. Mit der richtigen Behandlung und Pflege kann eine Maine Coon trotz Hüftdysplasie immer noch ein glückliches und erfülltes Leben führen.

**Spinale Muskelatrophie (SMA):** Die spinale Muskelatrophie ist eine neurodegenerative Erkrankung, welche die Rückenmuskulatur betrifft. SMA führt dazu, dass die Skelettmuskulatur der Hinterbeine degeneriert, bis diese unbrauchbar werden. Diese Krankheit ist für deine Katze nicht tödlich oder schmerzhaft, jedoch benötigt die Katze lebenslang besondere Pflege, da ihre Mobilität erheblich beeinträchtigt ist.

SMA tritt typischerweise im Alter von drei bis vier Monaten auf und schreitet ziemlich schnell fort. Oft können Katzen im Alter von sechs Monaten nicht mehr normal rennen und springen. Diese Krankheit wird die Persönlichkeit oder den Spieltrieb deiner Katze nicht beeinträchtigen, verringert jedoch ihre Mobilität erheblich, was es ihr schwierig macht, die Dinge zu tun, die sie tun möchte.

Frühe Anzeichen einer spinalen Muskelatrophie sind Schwäche, Zittern in den Hinterbeinen, seltsame Haltung und ein schwankender Gang. Deine Katze kann auch eine Empfindlichkeit im Rücken und einen Verlust der Muskelmasse in ihren Hinterbeinen erleben. Da es keine Behandlung oder Möglichkeit gibt, das Fortschreiten von SMA zu verlangsamen, konzentriere deine Bemühungen darauf, deine Katze glücklich zu halten. Hilf ihr, ihre Lieblingsplätze zu erreichen, und halte sie sicher drinnen, fern von Raubtieren.

# KAPITEL 11

# Reisen mit deiner Maine Coon

*Wenn du problemlos mit deiner Maine Coon reisen möchtest, gewöhne sie schon früh als Kätzchen ans Reisen. Setze die Katze in eine stabile Transportbox und nimm sie häufig auf kurze Autofahrten mit, wenn du kleine Besorgungen machst (achte unbedingt darauf, deine Katze niemals im heißen Auto zurückzulassen!). Mit der Zeit wird das Kätzchen verstehen, dass dies zum normalen Alltag gehört, und sich an die Bewegung und die Geräusche gewöhnen. Du kannst das Kätzchen auch auf Übernachtungsreisen in katzenfreundliche Hotels mitnehmen, wo es verschiedene Umgebungen erleben kann, während es noch deine beruhigende Gesellschaft hat. Finde einen geeigneten Platz in deinem Zuhause, um die Transportbox für das Maine-Coon-Kätzchen/die Katze sichtbar und zugänglich zu halten, auch wenn ihr einfach nur zu Hause seid. Du wirst wahrscheinlich feststellen, dass sich die Katze darin gemütlich zusammenrollt, und es wird nicht mehr diese Panik geben, wenn die Box nur für den Tierarztbesuch hervorgeholt wird. Du kannst auch die Innenseite der Box leicht mit Katzen-Pheromonen einsprühen, um eine beruhigende Umgebung zu schaffen.*

TERI MATZKIN
*SaraJen Maine Coon Cats*

Obwohl Katzen im Allgemeinen von Natur aus Heimatverbundene sind, kann es manchmal notwendig sein, mit deiner Katze zu reisen. Wenn du jedoch ein begeisterter Reisender bist, solltest du vielleicht überdenken, ob du

Foto: Mit Erlaubnis von
Liz Holmes
Monster Maine Coons

die Verantwortung für einen Maine Coon übernehmen möchtest, da häufiges Reisen ihre Routine stören und unnötigen Stress und Angst verursachen kann. Falls du doch mit deiner Katze reisen musst, behandelt dieses Kapitel alle Grundlagen und bietet hilfreiche Tipps und Tricks, um die Erfahrung für dich und deinen Maine Coon so einfach und angenehm wie möglich zu gestalten.

## Fliegen mit deiner Katze

*Wenn du mit deiner Maine Coon fliegst, stelle sicher, dass du eine bequeme Transportbox hast, die unter den Sitz passt. Die meisten Fluggesellschaften haben Informationen zu den Anforderungen und dem verfügbaren Platz für deine Katze. Es ist am besten, die Katze nicht direkt vor der Abreise zu füttern, aber immer Wasser bereitzustellen. Wenn deine Katze unter Reiseangst leidet, empfehle ich, mit deinem Tierarzt über mögliche Optionen zu sprechen.*

JENNIFER JINKINS
*Kaiju Maine Coon Cattery*

Je nach Größe und Gewicht deiner Maine Coon kannst du möglicherweise mit ihr als Handgepäck in der Kabine fliegen. Typischerweise liegt die Gewichtsgrenze für Haustiere in der Kabine bei 9 Kilogramm, aber die Regeln und Vorschriften jeder Fluggesellschaft sind etwas unterschiedlich. Erkundige dich bei deiner bevorzugten Fluggesellschaft, bevor du Pläne machst.

Das Fliegen mit deiner Katze ist jedoch nicht billig, da es pro Strecke zwischen 85 und 110 Euro kosten kann. Wenn deine Katze mit dir an Bord gehen darf, muss sie wahrscheinlich während des gesamten Fluges in einer von der Fluggesellschaft zugelassenen Transportbox unter dem Sitz bleiben.

Da nur eine begrenzte Anzahl von Haustieren in jedem Flugzeug erlaubt ist (dies variiert je nach Fluggesellschaft und Flugzeuggröße), buche deinen Flug so früh wie möglich, um einen Platz zu sichern. In der Vergangenheit behandelten Fluggesellschaften Tiere im Frachtraum wie jedes andere Gepäck. Tiere wurden oft traumatisiert und starben manchmal sogar aufgrund von hohen oder niedrigen Temperaturen, Wassermangel usw. Glücklicherweise haben Fluggesellschaften heute begonnen, Vorschriften durchzusetzen, um Tiere auf Flügen sicherer zu halten.

Nicht alle Fluggesellschaften befolgen die gleichen Richtlinien für den Transport von Tieren. Einige verlangen vor dem Flug eine tierärztliche Gesundheitsbescheinigung und bestimmte Impfungen. Stelle sicher, dass du gründliche Recherchen zu jeder Fluggesellschaft durchführst, bevor du dich

Foto: Mit Erlaubnis von
Linda Briggs

für eine Option entscheidest. Die gesetzlichen Bestimmungen verbieten Haustieren unter acht Wochen das Fliegen.

## Emotionale Begleiter

Bis zu einer kürzlichen Änderung der Luftfahrtbestimmungen war es möglich, dass deine Maine Coon mit dir in der Kabine fliegen konnte, solange sie als emotionales Begleittier registriert war. Dies erforderte lediglich ein Schreiben an die Fluggesellschaft vor dem Flug. Neuere Regeländerungen haben jedoch festgelegt, dass nur zertifizierte Assistenztiere, die eine Aufgabe oder einen Nutzen für eine eingeschränkte Person erfüllen, während eines Fluges in der Kabine erlaubt sind. Das bedeutet, dass Katzen als emotionale Begleiter nicht mehr qualifiziert werden können, und da Katzen nicht als offizielle Assistenztiere anerkannt werden, ist eine Mitnahme über diesen Weg zurzeit nicht möglich.

## Hotelaufenthalte

Wenn du nach einem Hotel suchst, in dem du mit deiner Maine Coon übernachten kannst, dann stelle sicher, dass alles, was du buchst, haustierfreundlich ist. Rufe sicherheitshalber vorher noch einmal im Hotel an und frage an, ob sie Katzen erlauben, selbst wenn auf ihrer Website steht, dass sie es tun. Es gibt nichts Schlimmeres, als in einem Hotel anzukommen und festzustellen, dass Haustiere doch nicht erlaubt sind. Ein kurzes Telefonat kann dir großen Ärger an der Rezeption ersparen. Die Suche nach den am besten haustierfreundlichen Hotels anhand der Bewertungen im Internet ist ein guter Anfang.

Einige Hotels sind dafür bekannt, ältere, veraltete oder Raucherzimmer als Haustierzimmer zu deklarieren. Rufe vor der Buchung an und frage, ob sich die Haustierzimmer von anderen Zimmern unterscheiden, damit du weißt, wofür du bezahlst und was du erwarten kannst. Außerdem erheben einige Hotels erhebliche Zusatzgebühren für den Aufenthalt mit einem Haustier. Auch hierfür lohnt sich ein Telefonat vorab, um eine gute Vorstellung von den zu erwartenden Kosten zu bekommen.

Einige Hotels erlauben nicht, dass Haustiere allein gelassen werden. Überprüfe dies vorher, wenn du planst, deinen Maine Coon für kurze Zeit dort zu lassen. Bringe auf jeden Fall immer eine Transportbox mit, wenn du in einem Hotel übernachtest. Selbst wenn du nicht vorhast, die Box zu benutzen, weißt du nie, wann etwas dazwischenkommen könnte, und du möchtest nicht, dass deine Katze Schäden im Zimmer verursacht, wenn sie allein gelassen werden muss.

## VRBO und Airbnb

Andere gute Optionen für Kurzzeitmieten sind Airbnb und VRBO. Es gibt viele Unterkünfte, die Haustiere erlauben, aber auch viele, die es nicht tun. Filtere bei deiner Suche direkt nach Unterkünften, die Katzen erlauben. Auch hier kann es klug sein, vor der Buchung anzurufen, um sicherzustellen, dass es bei deiner Ankunft keine Verwirrung gibt.

## Deine Katze zurücklassen

Nach Abwägung der Kosten und des möglichen Stresses, der mit dem Reisen mit deiner Maine Coon verbunden ist, möchtest du vielleicht auch die Option in Betracht ziehen, dein Tier zurückzulassen. Es gibt mehrere Möglichkeiten für die Katzenbetreuung, während du nicht zu Hause bist.

### Katzensitter

Wenn du nicht vorhast, längere Zeit weg zu sein, kann es für deine Maine Coon vorteilhaft sein, einfach zu Hause zu bleiben. Einen Katzensitter zu engagieren, der regelmäßig nach deiner Katze schaut, kann ihren Stress während deiner Abwesenheit lindern, weil sie in einer komfortablen und vertrauten Umgebung bleiben kann. Finde einen Tiersitter über Online-Ressourcen oder bitte ein verantwortungsbewusstes Familienmitglied oder einen Freund, sich um deine Katze zu kümmern.

Da Katzen ziemlich selbstständig sind, brauchen sie nicht viel mehr als Futter und Wasser, etwas Aufmerksamkeit und eine regelmäßige Reinigung ihrer Katzentoilette. Wenn du dich wohler fühlst, kannst du auch einen 24-Stunden-Katzensitter engagieren, der über Nacht bei deiner Katze bleibt. Natürlich ist dies eine viel teurere Betreuungsoption.

### Tierpension

Wenn du dich nicht wohl dabei fühlst, deine Katze allein zu lassen, dann kannst du deine Katze in einer Tierpension unterbringen. In einer Tierpension gibst du deine Katze ab und sie verbleibt auch dort, bis du sie wieder abholst. Recherchiere gründlich, bevor du einen Ort auswählst, und lies unbedingt Bewertungen darüber, wie sie mit Katzen umgehen. Außerdem ist es nicht ratsam, deine Katze in eine Pension zu bringen, wenn sie nicht vorher mit allen notwendigen Impfungen auf dem neuesten Stand ist.

Einige Katzenpensionen bieten Suite-Services an, die es deiner Katze ermöglichen, sich frei in einer privaten Suite voller katzenfreundlicher Spielzeuge zu bewegen. Allerdings bieten nicht alle Einrichtungen dies an, und einige halten Katzen einfach in Käfigen, ähnlich wie in einer Tierarztpraxis. Daher ist es wichtig, dass du dich vorher über die Unterbringung informierst.

Die Preise für Tierpensionen liegen typischerweise zwischen 25 und 35 Euro pro Nacht und umfassen verschiedene Annehmlichkeiten. Wenn du dir Sorgen machst, deine Maine Coon zurückzulassen, suche nach einer Einrichtung, die einen Streaming-Dienst anbietet, damit du jederzeit nach deiner Katze schauen kannst.

Welchen Weg du auch wählst, stelle sicher, dass du zuversichtlich bist und dich wohl mit der Wahl fühlst, damit du während deiner Abwesenheit beruhigt sein kannst. Das Letzte, was du auf einer Reise willst, ist, von Sorgen um deine liebevolle Maine Coon eingenommen zu werden.

## Weitere Tipps und Tricks für das Reisen

*Füttere Katzen nicht vor der Reise, um Reiseübelkeit zu verringern. Stelle die Transportbox nicht in der Nähe des Fahrzeughecks auf, um das Auftreten von Reiseübelkeit zu verringern. Decke die Reisebox oder den Träger ab, damit die Katze keine Objekte wie schnell vorbeiziehende Bäume sehen kann, um Reiseübelkeit zu vermeiden. Setze Katzen immer in eine Box, um zu verhindern, dass sie unter die Gas- oder Bremspedale geraten oder herausspringen, wenn jemand die Tür öffnet.*

KELLY SPARKMAN
*Mountain Fork European Maine Coons*

Egal, ob du nur die Straße hinunter oder quer durch das Land fährst: Nutze diese Tipps, um jede Reise mit deinem Maine Coon so stressfrei wie möglich zu gestalten.

- Füttere deine Katze innerhalb von vier Stunden vor einer Reise nicht mehr. Das gilt für Autofahrten, Flüge und jede andere Transportmethode. Dies kann vermeiden, dass du Erbrochenes oder übermäßigen Speichel reinigen musst, da Katzen anfällig für Reiseübelkeit sind.

- Sediere deine Katze nicht! Diese einst übliche Praxis wird von Tierärzten nicht mehr empfohlen. Die Sedierung einer Katze kann ihre Fähigkeit, in einem Notfall zu reagieren, beeinträchtigen und ist nicht gut für ihre Gesundheit.

- Reise mit einem Geschirr und einer Leine und übe damit zu Hause, wenn deine Maine Coon nicht daran gewöhnt ist.

- Checke am Flughafen so spät wie möglich ein, damit deine Katze nicht die zusätzliche Zeit wartend in ihrer Transportbox verbringen muss.

- Wenn du fliegst, stelle sicher, dass dein Mietwagen oder Fahrdienst Haustiere mitfahren lässt.

- Habe immer einen Napf, Futter und Wasser dabei. Egal wie du reist: Diese Grundausstattung wird notwendig sein, besonders im Falle eines Notfalls. Halte auch eine Katzentoilette und frische Streu für Toilettenpausen auf sehr langen Reisen bereit.

- Wenn du Auto fährst, verwende eine Transportbox, um deine Katze so sicher und bequem wie möglich unterzubringen. Lass sie niemals frei im Auto herumlaufen, da sie ablenken und einen Unfall verursachen könnte.

- Habe immer die Nummer eines örtlichen Notfalltierarztes zur Hand. Notfälle können überall passieren, also suche vor deiner Reise nach lokalen Tierkliniken – nur für den Fall.

# KAPITEL 12
# Die Welt der Kat-
# zenausstellungen

Die Maine Coon ist eine perfekte Begleiterkatze. Einige Besitzer entscheiden sich jedoch auch dafür, mit dieser wunderschönen Rasse in die Welt der Katzenausstellungen einzutauchen. Wenn du darüber nachdenkst, eine ausstellungsfähige Maine Coon zu kaufen oder deine Katze auf einer

Ausstellung vorzustellen, dann gibt dir dieses Kapitel alle Informationen, die du brauchst.

## Alles über Katzenausstellungen

Eine Katzenausstellung ist eine Veranstaltung, bei der Katzen verschiedener Rassen zusammenkommen und nach Aussehen, Körperbau und Eigenschaften gemäß dem Rassestandard bewertet werden. Katzenausstellungen finden in Europa schon seit Jahrhunderten statt. Die erste bedeutende Katzenausstellung in Deutschland wurde 1924 in Berlin veranstaltet. Anders als bei Hundeausstellungen, mit denen die meisten Menschen vertraut sind, werden die Katzen nicht an der Leine vorgeführt und im Kreis geführt. Stattdessen werden sie in Einzelkäfigen hinter einem Richtertisch platziert.

Typischerweise nimmt jeder Richter eine Katze aus dem Käfig, untersucht sie zur Bewertung und setzt die Katze dann wieder in ihren zugewiesenen Käfig zurück. Je nach Ausstellung dürfen Besitzer bei der Bewertung zusehen, wenn die Ausstellung im „offenen Stil" stattfindet, oder sie werden gebeten, den Saal zu verlassen, wenn es sich um eine Veranstaltung im „geschlossenen Stil" handelt.

Die Katzenausstellungssaison läuft meist von September bis Mai, wobei Ausstellungen oft mehrtägige Veranstaltungen sind. Diese Ausstellungen können sich großen Anfrangs erfreuen und ziehen Tausende von Menschen und Hunderte Katzen an. Die bekanntesten Ausstellungen werden vom dem 1. Deutschen Edelkatzenzüchter-Verband (1. DEKZV) und dem Deutschen Rassekatzen Verband (DRKV) veranstaltet.

## Klassen

Jeder Ausstellungsveranstalter verwendet ein anderes Klassifizierungssystem für die Bewertung. Ausstellungen des 1. DEKZV, als Mitglied der FIFé (Fédération Internationale Féline), teilen Katzen in eine von vier Kategorien ein:

**Kategorie I** - Langhaarkatzen: Dazu gehören Rassen wie Perser, Maine Coon und Norwegische Waldkatze.

**Kategorie II -** Halblanghaarkatzen: Diese Kategorie umfasst Rassen wie die Heilige Birma, Ragdoll und Sibirische Katze.

**Kategorie III -** Kurzhaarkatzen: Hierzu zählen Rassen wie Britisch Kurzhaar, Russisch Blau und Orientalisch Kurzhaar.

**Kategorie IV -** Orientalische Katzen: Diese Kategorie beinhaltet Rassen wie Siamkatzen, Balinesen und andere orientalische Varianten.
Innerhalb jeder Kategorie werden die Katzen zusätzlich nach verschiedenen Ausstellungsklassen eingeteilt, basierend auf Alter, Geschlecht und Zuchtstatus:

- Kittenklasse (3-6 Monate)
- Jugendklasse (6-9 Monate)
- Offene Klasse (unkastrierte erwachsene Katzen)
- Kastratenklasse (kastrierte erwachsene Katzen)
- Hauskatzenklasse (Katzen ohne Stammbaum)

Andere deutsche Katzenvereine können abweichende Klassifizierungssysteme verwenden, aber die meisten orientieren sich an den FIFé-Standards oder ähnlichen internationalen Richtlinien.

## Sollte ich meine Katze anmelden?

Wenn du deine Maine Coon nicht speziell für Ausstellungen gekauft hast, fragst du dich vielleicht, ob deine Katze überhaupt an einer Ausstellung teilnehmen soll. Typischerweise führt aggressives Verhalten einer verängstigten Katze zur Disqualifikation, daher ist es wichtig, dass du deine Katze nicht ohne angemessene Vorbereitung ins Rampenlicht wirfst. Bevor du deine wunderschöne Maine Coon anmeldest, solltest du einige Katzenausstellungen als Zuschauer besuchen, um ein Gefühl für die Atmosphäre zu bekommen. Das hilft dir einzuschätzen, ob deine Katze mit der Umgebung zurechtkommen würde.

Die Fellpflege ist ein wichtiger Teil von Katzenausstellungen. Wenn deine

Maine Coon nur widerwillig eine Pflegesitzung über sich ergehen lässt, ist sie möglicherweise noch nicht bereit für eine Ausstellung. Da die meisten Ausstellungen verlangen, dass die Krallen einer Katze gekürzt sind, ist das etwas, was du üben und woran du deine Katze gewöhnen solltest, bevor du dich für eine Katzenausstellung anmeldest.

Bei einer Katzenausstellung muss deine Maine Coon auch eine Zeit lang ohne deine Anwesenheit in einem Käfig verbringen. Wenn deine Katze in neuen Umgebungen oder in der Nähe anderer Katzen ängstlich wird, ist sie wahrscheinlich noch nicht bereit für eine Katzenausstellung.

## Wie melde ich mich für eine Katzenausstellung an?

Wenn deine Maine Coon bereit für ihre erste Ausstellung ist, dann ist es an der Zeit, das offizielle Anmeldeformular auszufüllen. Anmeldeformulare sind in der Regel online verfügbar, aber oft kannst du stattdessen auch eine Papierversion anfordern. Halte alle Informationen deiner Katze bereit: Name, Registrierungsnummer, Geburtsdatum, Geschlecht, Augenfarbe, Farbklassennummer, Rasse, Farbbeschreibung, Namen von Vater und Mutter, Name des Züchters, Besitzernamen und deine eigenen persönlichen Daten. Du musst auch wissen, in welcher Klasse deine Katze antreten darf und soll. Beziehe dich auf die obige Liste für diese Information.

Viele Ausstellungen bieten auf ihren Anmeldeformularen auch besondere Leistungen an, für die zusätzliche Gebühren anfallen. Zu diesen besonderen Leistungen gehören Pflegeplätze für die Zeit vor der Ausstellung, Käfigplätze am Ende einer Reihe oder eine bestimmte Platzierung neben einer anderen Katze. Du kannst auch einen Doppelkäfig beantragen, was für eine große Rasse wie die Maine Coon ratsam sein kann. Sobald dein Anmeldeformular vollständig ist, kannst du es per Post, Fax oder online an die jeweilige Ausstellung senden.

## Die Kosten einer Ausstellung

Jede Katzenausstellung hat eine Teilnahmegebühr, die dem Verein hilft, die Kosten für die Veranstaltung zu decken. Diese Gebühren variieren von Ausstellung zu Ausstellung, also erkundige dich hinsichtlich der Kosten im Vorfeld. Neben den Teilnahmegebühren solltest du auch die zusätzlichen Kosten berücksichtigen, die anfallen können, wie die Anforderung eines Doppelkäfigs, eines Pflegeplatzes oder andere besondere Wünsche, die du haben könntest.

Foto: Mit Erlaubnis von
Stephanie Hart

Nicht nur die Ausstellung selbst hat Gebühren, sondern berücksichtige auch die Kosten für die Anreise, eine Übernachtung (wenn nötig), Verpflegungskosten und alles andere, was du während der Ausstellung benötigen könntest. Auch die Zeit, die für die Vorbereitung auf die Ausstellung aufgewendet wird, sollte berücksichtigt werden. Viele Besitzer verbringen Stunden mit der Fellpflege vor einer Ausstellung, ganz zu schweigen von der Zeit, die sie damit verbringen, ihre Katze darauf vorzubereiten, im Ausstellungsring gehandhabt zu werden. Die Vorbereitung kann sowohl arbeitsintensiv als auch zeitaufwendig sein.

## Vorbereitung auf die Ausstellung

Wenn du zu einer Katzenausstellung fährst, stelle sicher, dass du alle Utensilien mitbringst, die du und deine Katze benötigen. Dazu gehören Futter, Wasser, Näpfe, eine Katzentoilette, Spielzeug (um deine Maine Coon zu beschäftigen) und alle Pflegewerkzeuge, die du benötigst. Es ist auch ratsam, aktuelle Tierarztunterlagen und Impfdokumente mitzubringen, falls es Fragen gibt.

Du musst auch einen Vorhang für den Käfig deiner Katze mitbringen. Dies ist einfach eine visuelle Barriere, die zwischen den Käfigen angebracht wird, damit die Katzen nicht miteinander interagieren. Das kann etwas so Einfaches wie ein Handtuch sein. Es kann aber auch eine Möglichkeit der Repräsentation deiner Katze sein. Viele Leute entscheiden sich dafür, bei ihren Vorhängen alles zu geben und eine Farbe zu wählen, die das Fell oder die Augenfarbe ihrer Katze ergänzt oder hervorhebt. Vorhänge können ziemlich extravagant sein.

Komme mindestens ein bis zwei Stunden vor Beginn der Bewertung in der Ausstellungshalle an. Sobald du ankommst, musst du dich beim Meldebüro anmelden, wo du deine Käfignummer erhalten wirst. Finde deinen Käfig sofort, um Verwirrung zu vermeiden, wenn die Bewertungszeit näher rückt. Mache dich rechtzeitig mit dem Veranstaltungszentrum vertraut und lokalisiere jeden Ring im Voraus.

Wenn du für einen Pflegeplatz bezahlst, dann komme entsprechend früher am Veranstaltungsort an, damit du genügend Zeit hast, um dort die endgültige Pflege deiner Katze abzuschließen.

## Auszeichnungen

Zu Beginn der Ausstellung wird ein Richter über jeden Ring oder jede

Gruppe von Katzen präsidieren und sie entsprechend bewerten. Es gibt typischerweise mehrere Ringe in jeder Ausstellung. Katzen konkurrieren um Rosetten und Punkte, die sich über eine Saison ansammeln und am Ende gezählt werden. Bei Katzenausstellungen werden keine Geldpreise gewonnen. Einige der vielen verfügbaren Titel sind die folgenden:

- Erster, zweiter und dritter Platz
- Beste und zweitbeste der Farbe
- Beste und zweitbeste der Rasse
- Bestes Langhaar-Championat
- Bestes Kurzhaar-Championat
- Hauskatzen-Verdienstauszeichnung
- Beste Katze
- Bestes Kätzchen

Jeder Verband zählt am Ende der Saison Punkte sowie Verdienste und würdigt die erfolgreichsten Katzen. Sie geben auch die besten regionalen Gewinner für jedes Gebiet bekannt.

Während Katzenausstellungen sowohl für einen Maine-Coon-Enthusiasten als auch für eine aufgeschlossene Maine Coon unterhaltsam und aufregend sein können, ist es wichtig zu erkennen, was für deine Katze richtig ist, bevor du in die Ausstellungswelt einsteigst. Nicht alle Katzen werden die Atmosphäre tolerieren oder das Tempo einer Katzenausstellung genießen, also achte auf die Signale deines flauschigen Freundes. Wenn du eine Ausstellung ausprobierst und es scheint, dass es deiner Katze Stress bereitet, ist es vielleicht besser, als Zuschauer statt als Teilnehmer dabeizusein.

# KAPITEL 13
# Dein alternder Maine Coon

Mit einer Lebenserwartung von etwa zwölf bis fünfzehn Jahren erreicht eine Maine Coon den Seniorenstatus im Alter von ungefähr elf Jahren. Genau wie bei uns Menschen wird sich die Gesundheit deiner Maine Coon mit zunehmendem Alter allmählich verändern. Unabhängig davon, wie sich die Gesundheit deiner Katze in ihren späteren Jahren entwickelt, wird dir dieses Kapitel dabei helfen, diese Veränderungen gemeinsam zu bewältigen und die notwendigen Anpassungen vorzunehmen, damit sie für den Rest ihrer Tage ein gesundes, erfülltes Leben führen kann.

## Häufige Alterserkrankheiten

*Wenn deine Maine Coon älter wird, sollte dein Tierarzt sie auf Hüftdysplasie untersuchen. Maine Coons haben eine genetische Veranlagung für dieses Problem. Seniorenkatzen sollten außerdem mit phosphorarmen Futtermitteln ernährt werden. Glucosamin-Ergänzungen können die Gelenke einer alternden Katze unterstützen. Wenn deine Katze Schwierigkeiten bei der Benutzung der Katzentoilette bekommt, besuche deinen Tierarzt, um gesundheitliche Probleme auszuschließen. Die Katze benötigt möglicherweise eine Katzentoilette, die leichter zugänglich ist oder näher an ihrem üblichen Aufenthaltsort steht. Während deine Maine Coon altert, füttere sie weiterhin mit hochwertigem Futter, spiele mit ihr und schenke ihr viel Liebe. Seniorenkatzen verdienen die gleiche Aufmerksamkeit wie Kätzchen. Auch alte Katzen spielen noch gerne; sie bewegen sich nur etwas langsamer.*

CORIE UND MATTHEW HELMS
*Rocketmans Maine Coons*

Foto: Mit Erlaubnis von
Liz Holmes
Monster Maine Coons

**Chronisches Nierenversagen:** Chronisches Nierenversagen kommt bei älteren Katzen häufig vor. Mit zunehmendem Alter können die Nieren deiner Maine Coon nicht mehr so gut arbeiten, wodurch weniger Abfallstoffe und Toxine aus dem Blutkreislauf gefiltert werden. Dies führt zu einem ungesunden Anstieg dieser Stoffe und wird als Azotämie bezeichnet.

Da chronische Nierenerkrankungen oft unbemerkt bleiben, bis etwa 75 % der Nierenfunktion verloren gegangen sind, ist es sehr wichtig, deine

Maine Coon bei ihren regelmäßigen Tierarztuntersuchungen auf Nieren-probleme zu überprüfen, selbst wenn du keine Symptome bemerkst.

Zu den Symptomen einer chronischen Nierenerkrankung gehören er-höhter Durst, verminderter Appetit, Gewichtsverlust, Erbrechen, Lethargie, blutiger oder trüber Urin oder eine Veränderung in der Häufigkeit des Urin-ierens, schlechter Atem und schlechte Fellqualität. Wenn du eines dieser Symptome bei deiner Maine Coon bemerkst, solltest du sie so schnell wie möglich von einem Tierarzt untersuchen lassen. Je früher du chronisches Nierenversagen erkennst, desto mehr Zeit hast du, die Ursache zu behan-deln und Veränderungen vorzunehmen, um das Fortschreiten zu verlang-samen.

**Arthritis:** Aufgrund des natürlichen Instinkts einer Katze, Schmerzen und Beschwerden zu verbergen, bleibt eine Arthritis oft unbemerkt. Sie ist jedoch bei einer alternden Maine Coon nichts Ungewöhnliches. Bitte deinen Tier-arzt bei jedem Besuch darum, deine Katze auf schmerzhafte oder empfind-liche Gelenke zu prüfen. Bei Anzeichen von Schmerzen oder Beschwerden kann ein Röntgenbild erforderlich sein, um die Diagnose zu bestätigen.

Es gibt mehrere Anzeichen dafür, dass deine Katze unter Arthritis leiden könnte. Dazu gehören eine geminderte Aktivität, eine Abneigung gegen das, die Vermeidung von langen oder hohen Sprüngen, die zuvor jedoch kein Problem waren, Schwierigkeiten bei der Benutzung der Katzentoilette, Schlafen an niedrigeren, leichter zugänglichen Orten, Veränderungen in der Putzroutine und Reizbarkeit. Wenn du eines dieser Symptome bei deiner Maine Coon bemerkst, lass sie zeitnah von einem Tierarzt untersuchen.

Arthritis ist kein Todesurteil für deine Maine Coon, aber es bedeutet, dass Veränderungen notwendig sind. Je nach Schweregrad der Arthritis kann dein Tierarzt nichtsteroidale Antirheumatika zur Schmerzbehandlung, Nahrungsergänzungsmittel und Änderungen des Lebensstils verordnen. Be-sprich die Behandlungsmöglichkeiten mit deinem Tierarzt, um deine Katze glücklich und komfortabel zu halten.

Es gibt verschiedene Nahrungsergänzungsmittel zur Unterstützung der Arthritis bei Katzen. Diese enthalten typischerweise eine Kombination aus Glykosaminoglykanen wie Glucosamin und Chondroitin, die den Zustand des Knorpels verbessern können, sowie essentielle Fettsäuren, die Entzünd-ungen reduzieren können. Gib deiner Katze niemals ein Nahrungsergänzu-ngsmittel, ohne vorher deinen Tierarzt zu konsultieren!

Obwohl Nahrungsergänzungsmittel die Behandlung unterstützen kön-nen, sind sie nicht reguliert, und die Qualität kann von Produkt zu Produkt stark variieren. Recherchiere unbedingt ausgiebig, um ein qualitativ hochwer-tiges Nahrungsergänzungsmittel zu finden, und bitte deinen Tierarzt um Empfehlungen.

Einige Katzenbesitzer haben auch alternative Behandlungen für die Arthritis ihrer Katze versucht, allen voran Akupunktur. Obwohl es keine schlüssigen Studien gibt, die die Wirksamkeit der Akupunktur belegen, unterstützen anekdotische Beweise die Verwendung dieser alternativen Therapie zusätzlich zu anderen Behandlungen.

Bei Arthritis sind oft grundlegende Änderungen des Lebensstils erforderlich, um es deiner Katze so komfortabel wie möglich zu machen und ihren Stress zu lindern. Zu diesen Änderungen können Dinge gehören wie das Absenken ihres Futters und Wassers an einen leichter zugänglichen Ort, das Aufbewahren all ihrer Dinge auf der Erdgeschossebene des Hauses, der Wechsel zu einer niedrigen Katzentoilette für einen einfachen Einstieg und das Bereitstellen von Rampen zu ihren Lieblingsplätzen in der Höhe. Übergewicht ist ein weiterer Faktor, der Arthritis verschlimmern kann. Sprich unbedingt mit deinem Tierarzt über Gewichtsmanagement, solltest du die Vermutung haben, dass deine Maine Coon übergewichtig ist.

**Hyperthyreose:** Mit zunehmendem Alter kann sich die Funktionsweise der Schilddrüse bei deiner Katze verändern, was zu einigen Problemen führen kann. Hyperthyreose ist bei alternden Katzen nicht ungewöhnlich und wird durch eine Überproduktion des Schilddrüsenhormons verursacht. Symptome können verstärkter Haaraufall, Gewichtsverlust, übermäßiger Durst und Hunger sowie Hyperaktivität sein. Wenn bei deiner Katze eine Hyperthyreose diagnostiziert wird, dann wird dein Tierarzt ihr wahrscheinlich Medikamente zur täglichen Einnahme verschreiben, um ihren Hormonspiegel zu regulieren.

**Felines Lymphom:** Ein Lymphom ist die am häufigsten auftretende Krebsart bei Katzen und wird meist im Darm gefunden. Zu den Symptomen zählen Gewichtsverlust, Lethargie, schlechter Appetit, Erbrechen und Durchfall. Obwohl ein Lymphom überwiegend bei älteren Katzen vorkommt, ist es wichtig zu beachten, dass es zu jedem Lebenszeitpunkt bei einer Maine Coon auftreten kann.

Die Behandlung des Lymphoms hängt stark davon ab, wie schnell es diagnostiziert wird und in welchem Stadium es sich befindet. Chemotherapie, Steroide und Operationen sind alle mögliche Behandlungsoptionen für eine Katze mit dieser Krankheit. Je schneller das Lymphom erkannt wird, desto besser sind die Chancen auf ein längeres Überleben. Daher ist es sehr wichtig, die Tierarztuntersuchungen deiner alternden Katze einzuhalten und alle Veränderungen, die du bemerkst, so schnell wie möglich mitzuteilen.

**Diabetes:** Alternde Katzen sind, genau wie Menschen, anfällig für Diabetes. Vermehrtes Urinieren, erhöhter Durst, gesteigerter Appetit und Gewichtsverlust sind Symptome, auf die du achten solltest. Lass deine Katze sofort von einem Tierarzt untersuchen, wenn dir diese auffallen!

Die Behandlung von Katzendiabetes kann eine Überwachung des Blutzuckerspiegels und Insulininjektionen umfassen. Dein Tierarzt wird wahrscheinlich auch Ernährungs- und Lebensstiländerungen empfehlen, um die Gesundheit zu fördern und möglicherweise eine Remission der Symptome zu erreichen.

**Zahnerkrankungen:** Ohne konsequente Zahnpflege im Laufe des Katzenlebens kann eine Ansammlung von Zahnstein und Plaque im Alter schmerzhafte Zahnerkrankungen verursachen. Die beiden häufigsten sind die Parodontitis, eine fortschreitende und schmerzhafte Schwellung und Entzündung des Zahnfleisches, und Zahnresorption, eine fortschreitende Verschlechterung des Zahns.

Obwohl Katzen typischerweise ihre Schmerzen und Beschwerden verbergen, sind einige Anzeichen und Symptome von Zahnerkrankungen erkennbar: Wählerisch beim Futter (wie eine Vorliebe für nasses oder weiches Futter), Zahnfleischbluten, Kopfschütteln und Pfoten am Maul.

Die beste Vorbeugung gegen Zahnerkrankungen im Alter ist konsequente Zahnpflege während ihres gesamten Lebens. Sprich mit deinem Tierarzt über Zahnreinigungen und putze die Zähne deiner Katze täglich, schon als Kätzchen beginnend, damit sie sich daran gewöhnt.

**Übergewicht:** Wenn deine Maine Coon in ihre Seniorenjahre kommt, dann wird das Aktivitätsniveau natürlich abnehmen. Dies kann zu Gewichtszunahmen führen, was die Anfälligkeit für einige der zuvor genannten Erkrankungen erhöhen kann. Wenn du bemerkst, dass deine Katze an Gewicht zunimmt, dann bespreche Optionen zum Gewichtsmanagement mit deinem Tierarzt. Er kann eine spezielle Diät oder eine Steigerung der Aktivität empfehlen.

## Andere häufige Probleme bei Seniorenkatzen

Mit zunehmendem Alter deiner Katze wird ihr Körper und seine Funktionen langsam und natürlicherweise abbauen, was ihr Leben verändern kann. Dazu gehören Taubheit, Sehprobleme oder Blindheit, Inkontinenz und sogar Demenz. Diese häufigen Probleme sind zu erwarten, wenn eine Katze in ihre älteren Jahre kommt, genau wie bei Menschen. Obwohl dies nicht immer Probleme sind, die ihr Leben verkürzen, musst du größere Anpassungen im Haus vornehmen, um die Sicherheit deiner und ein gewisses Maß an Unabhängigkeit zu bewahren.

**Taubheit:** Einige Anzeichen dafür, dass das Gehör deiner Katze na-

Foto: Mit Erlaubnis von
Ahli Stevens

chlassen könnte, sind plötzlicher Ungehorsam, fehlende Reaktion auf das Rufen ihres Namens oder andere Geräusche und häufiges Berühren der Ohren mit den Pfoten. Wenn du diese Symptome bemerkst, dann gibt es einige Dinge, die du tun kannst, um sie auf einen möglichen Hörverlust vorzubereiten.

Beginne zum Beispiel damit, ihre Aufmerksamkeit durch Rufen auf dich zu ziehen, während du gleichzeitig eine Taschenlampe oder einen Laserpointer vor ihr aufblitzen lässt. Dies kann ihr helfen, etwas Optisches mit dem Geräusch zu verbinden, wenn du ihre Aufmerksamkeit möchtest. Wenn sie schließlich ihr Gehör vollständig verliert, wird sie bereits darauf trainiert sein, dir mit den Lichtblitzen Aufmerksamkeit zu schenken. Einige Katzen können auch auf Vibrationen reagieren, und ein moderates Klopfen auf den Boden oder Tisch kann ihre Aufmerksamkeit erregen.

Wenn deine Katze ihr Gehör verliert, erwäge, sie drinnen zu halten und sie stattdessen an der Leine auszuführen. Eine taube Katze kann keine nahende Gefahr hören und bemerkt herannahenden Verkehr oder Raubtiere nicht, während sie draußen unterwegs ist.

**Blindheit:** Eine Abnahme des Sehvermögens deiner Katze kann sich durch Symptome wie Desorientierung, das Anstoßen an Gegenstände oder Schreckhaftigkeit bemerkbar machen. Wenn du bemerkst, dass deine Maine Coon eines dieser ersten Anzeichen zeigt, dann such einen Tierarzt auf.

Wenn ein Sehverlust für deine Katze unvermeidlich ist, dann gibt es einige Dinge, die du tun kannst, um ihr Leben komfortabel und glücklich zu gestalten. Erstens wird sie sich wahrscheinlich leicht erschrecken, da sie nicht mehr so gut sehen kann wie früher. Stelle sicher, dass du sie jedes Mal beruhigst, wenn du dich näherst, indem du freundliche verbale Hinweise gibst, dass du in der Nähe bist.

Es ist auch wichtig, dass du die Dinge im Haus nicht umstellst. Wenn du die Dinge an ihrem Platz lässt, hilft es deiner Katze, die Orientierung zu behalten und nicht gegen Dinge zu stoßen, die an einem neuen Platz stehen. Hebe deine blinde Katze nicht hoch und trage sie nicht überall hin. Lass sie stattdessen ihren Weg selbst finden, damit sie unabhängig bleiben kann.

Eine blinde Katze sollte alle Dinge, die sie braucht, auf Bodenhöhe haben. Eine Katze auf eine erhöhte Oberfläche zu setzen, ist gefährlich, da sie leicht herunterfallen könnte.

**Inkontinenz:** Es ist nicht schön, über dieses Thema nachzudenken, doch Inkontinenz ist etwas, was jeder alternden Katze passieren kann. Wenn deine Katze plötzlich die Kontrolle über ihre Blase zu verlieren scheint, dann nimm tierärztliche Hilfe in Anspruch. Möglicherweise ist eine hilfreiche Behandlung verfügbar.

Für Katzen, die aufgrund von Muskelschwäche inkontinent werden, kann ein Muskelstimulans verschrieben werden, um etwas von dieser Funktion zurückzugewinnen. Stelle außerdem sicher, dass du eine leicht zugängliche Katzentoilette mit niedrigen Seiten hast, damit sie nicht entmutigt wird, sie zu benutzen.

Wenn deine Katze mit Inkontinenz zu kämpfen hat und nichts zu helfen scheint, sind Windeln eine Option, sollten aber mit Vorsicht verwendet werden. Das Einschließen von Urin und Kot in einer Windel fördert wunde Stellen und Ausschläge auf der Haut deiner Katze, daher muss sie gründlich gereinigt und häufig gewechselt werden.

**Geistige Klarheit:** Auch die geistige Klarheit deiner Maine Coon kann in ihren Seniorenjahren abnehmen. Katzendemenz, auch bekannt als Feline Kognitive Dysfunktion, ist eine altersbedingte Abnahme der kognitiven Klarheit und Funktion. Wenn du bei deiner Katze Desorientierung, Verhaltensänderungen (z. B. beim Schlafverhalten), Verwirrung oder sogar ungewöhnliche Stimmlaute bemerkst, dann gehe mit ihr zum Tierarzt.

Während altersbedingte Demenz nicht umkehrbar ist, gibt es Möglichkeiten, das Fortschreiten zu verlangsamen. Halte deine Katze stimuliert und trainiere ihr Gehirn regelmäßig mit Spielen wie Laserpointer-Aktivitäten, Federn und anderen bereichernden Reizen. Dies kann ihr helfen, scharf und geistig wach zu bleiben.

## Grundlegende Pflege für Seniorenkatzen

Wie bereits erwähnt sollte eine Seniorenkatze zweimal im Jahr zur Kontrolle zum Tierarzt. Selbst wenn deine Katze nicht von typischen altersbedingten Krankheiten betroffen ist, wird sie dennoch einige Anpassungen des Lebensstils benötigen, um ihrem alternden Körper gerecht zu werden.

## Fellpflege

Mit zunehmendem Alter deiner Maine Coon kann es für sie schwieriger werden, sich so effizient selbst zu pflegen, wie sie es früher getan hat. Ältere Katzen benötigen möglicherweise mehr Hilfe, um ihr Fell sauber und frei von Verfilzungen zu halten. Für eine Katze mit langem Fell wie die Maine Coon wird im Alter tägliches Bürsten empfohlen, um ihr Fell in Topform zu halten.

Da die Gelenke deiner Seniorenkatze empfindlicher sein werden, verwende beim Bürsten deiner älteren Katze nur sanften Druck und erwäge den Wechsel zu einer weichborstigen Bürste, die nicht zu hart für ihre Haut und Gelenke ist. Stelle sicher, dass die tägliche Pflegesitzung eine positive Erfahrung mit viel Streicheln und verbalem Lob ist, und deine alternde Katze wird wahrscheinlich die zusätzliche Aufmerksamkeit lieben lernen.

Ihr Fell ist nicht das Einzige, womit sie möglicherweise Schwierigkeiten hat. Eine alternde Maine Coon kann es auch schwieriger finden, ihre Krallen allein durch Kratzen abzufeilen. Wenn sie weniger bereit scheint, einen aufrechten Kratzbaum zu benutzen, versuche, zu einem zu wechseln, der näher am Boden ist. Wenn deine Katze ihre Krallen immer noch nicht wie früher abfeilt, musst du möglicherweise die Krallen für sie schneiden. Siehe Kapitel 9 für eine detaillierte Beschreibung, wie das geht.

*Mit zunehmendem Alter ändern sich die Ernährungsbedürfnisse deiner Katze, und mit den heutigen Tierfuttermitteln können wir die Ernährung an die altersbedingten Bedürfnisse von Katzen anpassen. Katzen benötigen möglicherweise weicheres Futter, wenn ihre Zähne anfangen, ein Problem zu sein. Mit zunehmendem Alter neigen Katzen dazu, sich weniger zu putzen, daher benötigen sie in diesem Bereich etwas mehr Pflege. Wenn die Katze dünn wird, überprüfe mit deinem Tierarzt, ob es ein anderes gesundheitliches Problem als das Alter gibt. Wisse, dass Seniorenkatzen, genau wie Menschen, langsamer werden und einige Schmerzen und Beschwerden haben werden. Stelle sicher, dass sie zur Katzentoilette und zum Futter gelangen können und einen Platz zum Schlafen an einem sonnigen Fleck haben. Sie benötigen möglicherweise etwas mehr Hilfe, um auf Dinge zu klettern, und bewegen sich vielleicht etwas langsamer. Wenn du etwas bemerkst, das falsch erscheint, lass deine Seniorenkatze vom Tierarzt untersuchen.*

WENDY MEYER
*Theatricats*

## Vorbeugung von Krankheiten und Verletzungen

Genau wie der menschliche Körper wird auch der Körper deiner Maine Coon in ihren Seniorenjahren nachlassen. Das bedeutet, dass sie anfälliger für Unfälle, Verletzungen und Krankheiten sein wird. Dies ist der normale Verlauf des Lebens. Es gibt jedoch einige Dinge, die du tun kannst, um Krankheiten und Verletzungen so gut wie möglich vorzubeugen.

Neben den halbjährlichen Untersuchungen beim Tierarzt kannst du auch Impfungen mit deinem Tierarzt besprechen, um sicherzustellen, dass deine Maine Coon vollständig mit allem versorgt ist, was sie benötigt. Krankheiten belasten eine ältere Katze viel stärker, daher ist es wichtig, sie als vorbeugende Maßnahme auf dem neuesten Stand zu halten.

Wenn du beginnst, einen körperlichen Verfall bei deiner alternden Maine Coon zu sehen, ist es Zeit, die Änderungen des Lebensstils vorzunehmen, die schwere Verletzungen verhindern können. Dies kann bedeuten, ihr Futter tiefer zu stellen, ihre Lieblingsdinge auf Bodenhöhe zu halten und in Rampen zu investieren, um ihr den Zugang zu ihren Lieblingsplätzen zu erleichtern. Dies mögen kleine Änderungen erscheinen, aber sie können verhindern, dass eine alternde Katze von einem zu hohen Ort springt und sich verletzt.

Selbst wenn du siehst, dass ihre körperlichen Fähigkeiten abnehmen, ist es wichtig, dass du deine alternde Katze aktiv hältst, da dies auch dazu beitragen kann, Verletzungen vorzubeugen. Beschäftige deine Maine Coon mit sanftem Spiel und bringe sie auf sichere Weise in Bewegung. Dies kann auch dazu beitragen, ihr Gewicht zu reduzieren und so weitere altersbedingte Krankheiten und Erkrankungen zu verhindern.

Wenn deine alternde Maine Coon mit Arthritis zu kämpfen hat oder einfach langsamer zu sein scheint als in ihren jüngeren Jahren, erwäge, ihr ein orthopädisches Bett zum Schlafen zu besorgen. Diese Schaumstoffbetten sind darauf ausgelegt, Druck zu entlasten und deiner Katze eine komfortable Liegeposition zu bieten. Da sie bis zu zwanzig Stunden am Tag schlafen kann, ist ein bequemer Platz für alte Gelenke zum Ausruhen wichtig.

Wenn deine Senior-Maine-Coon Schwierigkeiten hat, ihre Körpertemperatur zu regulieren, könnte ein selbstwärmendes Katzenbett genau der Luxus sein, den der Tierarzt verordnet. Diese Betten sind elektrisch und können einer alten Katze helfen, sich an einem kalten Tag anzukuscheln und sich zu wärmen. Sei vorsichtig, da eine neugierige Katze vom angeschlossenen Kabel angezogen werden könnte. Verwende ein beheiztes Bett nur, wenn du zu Hause bist, um es zu überwachen.

*Katzen haben die ultimative Fähigkeit, Schmerzen oder Beschwerden zu verbergen. Du musst auf Veränderungen im Verhalten deiner Katze achten. Regelmäßige Tierarztbesuche mit Blutuntersuchungen sind eine unschätzbare Informationsquelle über die Gesundheit deiner Katze. Halte deine Katze auf einem gesunden Gewicht und behalte sie drinnen, und deine Katze sollte viele, viele Jahre leben.*

DEBORAH KINSLEY
*Tufts N Trills Maine Coons*

## Nahrungsergänzungsmittel und Ernährung

Einige Maine-Coon-Besitzer greifen zu Nahrungsergänzungsmitteln, um ihre alternde Katze gesund und beweglich zu halten. Leider sind die meisten Nahrungsergänzungsmittel nicht reguliert und wurden nicht an Katzen getestet, um festzustellen, ob sie sicher in der Anwendung sind. Wenn du deiner Maine Coon ein zusätzliches Vitaminpräparat oder Glucosamin zur Gelenkunterstützung geben möchtest, besprich dies vorher mit deinem Tierarzt und verwende nur das, was er zu empfehlen kann.

Nimm niemals an, dass ein für Hunde sicheres Nahrungsergänzungsmittel auch für Katzen sicher ist. Es gibt viele Nahrungsergänzungsmittel und pflanzliche Behandlungen, die für Hunde zugelassen sind, aber für Katzen ungetestet oder sogar giftig sind.

Der beste Weg, deiner Senior-Maine-Coon alle Nährstoffe zu bieten, die sie zum Gedeihen braucht, ist, ihr eine hochwertige, ausgewogene Ernährung zu bieten. Wenn deine Maine Coon bei den Mahlzeiten weniger bereit ist, Trockenfutter zu fressen, versuche, es mit Nassfutter zu mischen. Nassfutter kann nicht nur leichter für alternde Zähne sein, sondern kann ihr auch helfen, hydriert zu bleiben, was für eine ordnungsgemäße Nierenfunktion unerlässlich ist.

Mit zunehmendem Alter deiner Katze können sich ihre Ernährungsbedürfnisse ändern. Wenn ihr Körper physisch nachlässt, benötigt sie möglicherweise weniger Kalorien, um eine gesunde Körpermasse zu erhalten. Konsultiere deinen Tierarzt, um zu wissen, ob und wann du das Futter wechseln musst. Solange deine Maine Coon ihre Gesundheit und ein gesundes Körpergewicht beibehält, besteht keine Notwendigkeit, das Futter nur aufgrund ihres Alterns zu wechseln. Wenn sie jedoch wegen geringerer körperlicher Aktivität oder eines natürlichen Rückgangs des Stoffwechsels an Gewicht zunimmt, kann eine Änderung angebracht sein.

Wenn du und dein Tierarzt beschließen, das Futter deiner Katze zu ändern, stelle sicher, dass du sie über einen Zeitraum von mehreren Tagen umstellst. Eine abrupte Ernährungsumstellung kann bei deiner Katze Magen-Darm-Beschwerden verursachen, oder sie kann sich einfach weigern, etwas zu fressen, an das sie nicht gewöhnt ist. Beginne stattdessen die Umstellung, indem du ihr drei Viertel ihres alten Futters mit einem Viertel des neuen fütterst. Wenn sie das gut verträgt, versuche am nächsten Tag halb und halb. Am dritten Tag gibst du ihr drei Viertel des neuen Futters mit einem Viertel des alten. Schließlich sollte sie am vierten Tag bereit für eine vollständige Mahlzeit mit dem neuen Futter sein.

Wenn sich deine Maine Coon nicht so schnell an das neue Futter gewöhnt, stelle sie über einen längeren Zeitraum allmählich um. Wenn deine Seniorenkatze sich weigert zu fressen oder ungewöhnlich wählerisch wird, lass sie vom Tierarzt auf gesundheitliche Probleme untersuchen. Denk daran: Katzen sind Meister darin, ihre Schmerzen und Beschwerden zu verbergen. Wählerisches Fressen mag nichts sein, könnte aber ein subtiles Zeichen dafür sein, dass etwas nicht stimmt.

# KAPITEL 14

# Wenn es Zeit ist, Abschied zu nehmen

Obwohl der Gedanke unerträglich erscheint, kommt im Leben jedes Maine-Coon-Besitzers der Moment, in dem er erkennen muss, dass die Schmerzen der Katze ihre Lebensfreude überwiegen. Wenn dieser Zeitpunkt gekommen ist, solltest du daran denken, dass es unsere Pflicht gegenüber unserem geliebten Fellfreund ist, ihm für die Jahre der Liebe zu danken und sein Leiden auf humane Weise zu beenden. Zweifellos ist dies einer der schwierigsten Aspekte, eine Maine Coon zu besitzen.

Viele Menschen glauben, dass es eine der schwersten und zugleich größten Verantwortungen der Tierhaltung ist, zu wissen, wann man ein Tier von seinen Schmerzen erlösen sollte, wenn das Lebensende unvermeidlich ist. Es ist nie eine leichte Entscheidung und führt oft zu einer Vielzahl von Emotionen beim Besitzer, darunter Trauer, Schuldgefühle und Zweifel.

## Die schwere Entscheidung

Du fragst dich vielleicht, wie du überhaupt wissen kannst, wann der richtige Zeitpunkt gekommen ist, um Abschied zu nehmen. Leider gibt es keine eindeutige Antwort auf diese Frage. Deine Katze mag gute und schlechte Tage haben, aber niemand kennt deine Maine Coon besser als du, und niemand wird diese Entscheidung für dich treffen können. Die Bindung, die du und deine Katze teilen, ist einzigartig, und genau das macht dich zur richtigen Person, um die endgültige Entscheidung zu treffen.

## Ein steiler Abstieg

Wenn du das Bauchgefühl hast, dass die Kräfte deiner Seniorkatzen rapide schwinden und sie mehr Schmerzen als Freude erlebt, könnte es an der Zeit sein, Abschied zu nehmen. Einige deutliche Anzeichen dafür, dass der Tod bevorsteht, sind Koordinationsverlust, Inkontinenz, extremes Desinteresse an allem, der Wunsch nach dem Alleinsein und die Verweigerung von Nahrung und Flüssigkeit.

Nur du und deine Maine Coon werden wirklich wissen, wann dieser Zeitpunkt gekommen ist. Deine Katze war jahrelang dein liebevoller Begleiter und hat dir ihr Leben anvertraut. Auch jetzt vertraut sie dir. Wenn du glaubst, dass der Tod unvermeidlich ist und dass ein humanes Einschläfern ihr Leiden beenden wird, sprich mit deinem Tierarzt über Euthanasie.

Sobald du und dein Tierarzt übereinstimmen, dass der Tod unvermeidlich ist, geht der Prozess recht schnell vonstatten. Der Sinn besteht darin, das Leiden deiner Katze zu beenden, daher gibt es keinen Grund, es hinauszuzögern.

## Der Einschläferungsprozess

Bevor du deine Maine Coon zum Tierarzt bringst, rufe Freunde oder Familienmitglieder an, die sich vielleicht verabschieden möchten. Manche Tierärzte bieten auch an, zu dir nach Hause zu kommen und die Einschläferung dort durchzuführen, um den Prozess für deine Katze einfacher zu gestalten. In jedem Fall hast du die Möglichkeit, währenddessen anwesend zu sein. Auch wenn es für dich schwer sein mag, deine Maine Coon sterben zu sehen, solltest du wissen, dass es deiner Katze in ihren letzten Momenten Frieden bringen wird, wenn du bei ihr bist, sie hältst und tröstest.

Während des Eingriffs wird dein Tierarzt eine Lösung, typischerweise Phenobarbital, intravenös verabreichen. Die Lösung ist normalerweise dickflüssig mit einem blauen, rosa oder violetten Farbton. Der Tierarzt kann sie direkt in eine Vene oder in einen intravenösen Katheter injizieren. Sobald die Lösung injiziert ist, wird sie schnell durch den Körper deiner Katze wandern und innerhalb weniger Sekunden zur Bewusstlosigkeit führen. Deine Maine Coon wird keine Schmerzen spüren. Die Atmung wird langsamer und hört dann vollständig auf, gefolgt von einem Herzstillstand, der typischerweise innerhalb von dreißig Sekunden nach der Injektion zum Tod führt.

Wenn der Tod eingetreten zu sein scheint, wird dein Tierarzt nach Lebenszeichen suchen und dann wahrscheinlich den Raum verlassen, um dir die Möglichkeit zu geben, ein letztes Mal Abschied zu nehmen. Der Körper deiner Katze kann sich nach dem Tod noch bewegen, also sei nicht beunruhigt, wenn du Zuckungen siehst. Es können auch Körperflüssigkeiten austreten, auch das ist normal.

Dein Tierarzt und sein Praxisteam haben dies schon oft erlebt und werden verstehen, wie emotional belastend diese Situation für dich ist. Sie sollten dir Privatsphäre gewähren und bei Bedarf Trost spenden. Stelle sicher, dass du Zahlungen und Vorkehrungen für die Zeit nach dem Tod im Voraus triffst, damit du dich danach nicht damit befassen musst.

## Letzte Vorkehrungen

Die Einäscherung ist eine gängige Option für diejenigen, die ihrer geliebten Maine Coon würdevoll gedenken möchten. Sie ist wirtschaftlicher als ein Platz auf einem Tierfriedhof zu finden und ein relativ einfacher Prozess. Wenn du dich für eine Einäscherung deiner Katze entschieden hast, wird dein Tierarzt die Koordination mit einem Bestattungsinstitut oder Krematorium übernehmen und dich benachrichtigen, wenn die Asche deines Haustieres abholbereit ist.

Foto: Mit Erlaubnis von Victoria Wassell

Falls du deine verstorbene Katze zur Beerdigung mit nach Hause nimmst, wird der Tierarzt die sterblichen Überreste deiner Katze in einen Behälter legen und sie in der Regel für dich zum Auto tragen. Obwohl das Begraben deines Haustieres zu Hause in den meisten Bundesländern legal ist, ist es möglicherweise nicht die beste Idee. Beim Begraben eines Haustieres zu Hause solltest du bedenken, dass die Überreste deiner Katze durch eine Überschwemmung wieder an die Oberfläche kommen, von einem Wildtier ausgegraben werden oder sogar den Boden und das Grundwasser mit gefährlichen Bakterien kontaminieren könnten. Wenn du eine Gedenkstätte in deinem Zuhause haben möchtest, solltest du stattdessen die Asche deiner Katze dort verstreuen, anstatt sie zu begraben.

Ein Tierfriedhof ist eine weitere Option für die letzte Ruhestätte deiner Maine Coon. Dies ist ein ausgewiesener Friedhof, auf dem Haustiere sicher begraben werden können. Dieser Service ist kostspielig. Allein die Grabstelle kostet etwa 400 bis 600 Euro. Die Preise für Särge variieren zusätzlich zu diesen Gebühren. Obwohl es eine teure Option ist, wird deine Maine Coon in einer schönen Umgebung unter anderen geliebten Haustieren ruhen.

Egal für welche Option du dich entscheidest: Sobald du die Tierarztpraxis verlässt, beginnt der Trauerprozess. Halte an der Liebe und den Erinnerungen fest, die ihr teilt, und deine liebevolle Maine Coon wird niemals vergessen werden.

## Die Trauer bewältigen

Der Verlust eines geliebten Haustieres ist nie leicht und schmerzt oft wie der Verlust eines Familienmitglieds. Es ist völlig in Ordnung, die Hilfe eines Beraters oder Therapeuten in Anspruch zu nehmen, um dir durch diese schwierige Zeit zu helfen. Achte darauf, die Trauer nicht zu überstürzen, und erlaube dir, das Andenken an deinen Gefährten zu ehren. Die Zeit, die ihr zusammen verbracht habt, wird für immer in deinem Herzen eingraviert sein.

www.ingramcontent.com/pod-product-compliance
Lightning Source LLC
Chambersburg PA
CBHW061652120626
46550CB00003B/912